Bewusstseinspflege

„Religion"

der Zukunft?

Alfred Pirker

Wo bleibt Gerechtigkeit?

Wir müssen aber
auch gesellschaftliche Ungerechtigkeiten beseitigen. Wir müssen zusammen mit neuer Kraft das Richtige tun und damit jeder und jedem Einzelnen ein zufriedenes und selbstbestimmtes Leben ermöglichen.

Sebastian Kurz – Bundeskanzler

Wie Gerechtigkeit von einer Regierung, in der
Cartellverband und schlagende Burschenschafter
das Sagen haben, realisiert wird,
bereitet Sorgen.

Vorwort

Religion fördert patriarchalische Herrschaft
und erniedrigt die Frau

Religion dominiert konservative Politik
politischer Missbrauch ist Standard

Religion entmündigt den Menschen

Logik und Vernunft
sollte mit Religion vereinbar sein

Bewusstseinspflege
fördert Gewissensqualität

Fragen

Akzeptieren sie Unwahrheiten?

Betrug ist strafbar, warum nicht namens Religion?

Sind Frauen Menschen zweiter Klasse?

Wissen sie, dass Dogmen mit Vernunft unvereinbar sind?

Ist Religion bezahlte Brauchtumspflege?

Sagt ihnen Bewusstseinsqualität etwas?

Was ist der Sinn des Lebens?

    dieses Buch dient der Problemlösung.

Der Autor ist Absolvent des Abendrealgymnasiums, der Univ. für Bodenkultur und Univ. Wien. Bereiche Agrarökonomie, Biometrie, Politikwissenschaft.
War Univ. Lektor für SW-Projektierung – Systemanalyse.
Privater Schwerpunkt – Theologie und deren Geschichte.

Inhaltsverzeichnis

Einleitung	8
Der Vatikan konkursreif?	11
Verdammungslehre	21
Die Bibel gleicht einem Wasserlauf	30
Friedensengel mit Bombe	34
Analyse katholische Kirche	42
Evangelische Kirche	54
Islam	58
Theologie bringt Wissenschaft in Verruf	63
Seine „Heiligkeit" schafft Vernunft ab	69
Konkordat – mit Demokratie unvereinbar	73
Kirchenvermögen – ein legaler Besitz?	76
Religionen gefährden Demokratie	79
Zwei begnadete Personen	84
Atheismus	88

Überzeugung ohne Mitgliedschaft	93
Voraussetzungen zur Anerkennung einer Religion	96
Karol Wojtyla meldet sich aus dem Jenseits	101
Neue Erkenntnisse verlangen Korrektur	103
Existenz nach dem Leben?	105
„macht euch die Erde untertan"	112
Veränderung empfehlenswert	115
Persönliche und politische Verantwortung	118
Dalai Lama – ein Leben der Hoffnung	122
Vernunft und Humanität	123
Dunkle Materie	127
Bewusstseinspflege	130
Bildungspfad des Autors	138
Anhang - Konkordat	142
Schlusswort	173

Einleitung

Der Schutz persönlicher Religions- und Weltanschauungsfreiheit ist wertvoll. Die Demokratien sind jedoch konfrontiert mit bedenklichen Religionsinhalten und deren Vorrangstellung. Die Grundlage von Religionen ist zum Schutz der Bürger auf ihre Unbedenklichkeit zu prüfen. Diese Lehren sind vor allem auf Zulässigkeit ihrer praktischen Ausführung zu betrachten, ob sie mit der Konvention der Menschenrechte in Einklang stehen. In diesem Konnex ist eine kritische Analyse der historischen Entwicklung zur Beurteilung eine Selbstverständlichkeit. Besondere Achtsamkeit ist dem Kriterium der Verhaltensweise gegenüber „Ungläubigen und Andersgläubigen", sowie ausgetretenen Mitgliedern zu gewähren.

Der Zweck dieser Institutionen ist gesellschaftliche Einflussnahme. Bedauerlicherweise wird Religion auch in demokratischen Staaten für politische Zwecke missbraucht. Sowohl in den USA, wie in diversen EU Staaten, stehen konservative Parteien in enger Verbindung mit religiösen Institutionen. Sollte jemand Bedenken haben, möge er die Regeln diverser akademischer Verbindungen lesen. Ähnlich dem Schema der Religion, nur die unsrigen kommen in den Himmel, gilt die Pflicht der Bevorzugung der Mitglieder des eigenen Clans für Beruf und kommerzielle Angelegenheiten.

Religion lässt sich mit einer schönen, duftenden Rose vergleichen. Feierliche Zeremonien, ein Ort des Friedens und des Trostes umgeben dich. Sie gleicht einem einladenden Haus der Geborgenheit. Doch die äußere Schale ist nicht der Kern. In diesem finden wir das Gerüst der Kirche. Dogmen und Glaubenssätze geben vor, was du zu glauben hast und nicht denken sollst. Sie ist der Sachwalter deiner Gedanken.

Ich lade Sie ein einen Blick hinter die ach so schönen Kulissen der katholischen Amtskirche zu werfen. Es erwartet Sie wahrscheinlich so manches Unbekannte und eine ernüchternde Perspektive, die einem denkenden Menschen Frustration und Enttäuschung bereiten kann.

Für Pessimismus besteht jedoch kein Grund. Fehler sind dazu da, um daraus zu lernen und die richtigen Konsequenzen zu ziehen. Lassen Sie nicht andere für sich denken, sondern nutzen Sie die Chance, kraft Ihrer Intelligenz und Logik Ihre eigene Meinung zu bilden. Der Weg zu einer persönlichen und nicht diktierten Lebenseinstellung ist der Lohn!

Zur Information: *Die Europäische Menschenrechtskonvention (EMRK)* gewährleistet in ihrem Artikel 9 die Gedankens-, Gewissens- und Religionsfreiheit für Jedermann.

Artikel 9 – Gedanken-, Gewissens- und Religionsfreiheit

(1) Jedermann hat Anspruch auf Gedanken-, Gewissens- und Religionsfreiheit; dieses Recht umfasst die Freiheit des einzelnen zum Wechsel der Religion oder der Weltanschauung sowie die Freiheit, seine Religion oder Weltanschauung einzeln oder in Gemeinschaft mit anderen öffentlich oder privat, durch Gottesdienst, Unterricht, Andachten und Beachtung religiöser Gebräuche auszuüben.

(2) Die Religions- und Bekenntnisfreiheit darf nicht Gegenstand anderer als vom Gesetz vorgesehener Beschränkungen sein, die in einer demokratischen Gesellschaft notwendige Maßnahmen im Interesse der öffentlichen Sicherheit, der öffentlichen Ordnung, Gesundheit und Moral oder für den Schutz der Rechte und Freiheiten anderer sind.

Natürlich gibt es erschreckende Parallelen in der zweitgrößten Weltreligion, dem Islam. Die Nutzung der politischen Macht mit Berufung auf die Religion, steht mit Humanität im krassen Widerspruch. Religionsinhalte, die zur Tötung von Andersgläubigen und Nichtgläubigen auffordern, sind eine Provokation.

Für eine Gesamtreform der Religionen besteht dringende Notwendigkeit. Mit zunehmendem Bildungsstand der Menschen, sinkt ihre Glaubwürdigkeit. Sie agieren als Parasit, deren Handwerk sich als Vertrauensmissbrauch entlarvt. Diese vernichtende Kritik gilt der verantwortlichen Institution Kirche, jedoch nicht den Handwerkern Jesus, die mit persönlichem Einsatz und Überzeugung Gutes für den Nächsten tun.

Die Entwicklung einer „Religion ohne Kirche", welche die Förderung der Qualität des persönlichen Gewissens und Bewusstseins zur Grundlage hat, ist zum Nutzen von Mensch, Gesellschaft und Umwelt Vorrang zu geben.

Der Vatikan konkursreif?

Ein über Jahrhunderte erfolgreicher Weltkonzern hat mit hausgemachten Problemen zu kämpfen. Kein Wunder, wenn „Seine Heiligkeit" das altbewährte Konzept in Frage stellt.

Da sind einige seiner satanischen Spitzbuben sehr aktiv. Maßnahmen gegen die Führungsposition sind, auch wenn der Stuhl heilig ist, historisch erprobt. Ein zu aktiver Besserwisser der Kategorie unfehlbar, wurde nicht selten schweigsam gemacht. Möge Franziskus der vatikanischen Widerspenstigkeit der Marke Purpur zeigen, wo es lang geht.

Zum Rapport: religion.ORF.at/AFP/APA/dpa
(13.12.2017)

Papst: „Teufel ist intelligenter als wir"

Papst Franziskus hat die Katholiken eindringlich vor jeglicher Kontaktaufnahme mit dem Teufel gewarnt: Die Gläubigen sollten „nicht mit dem Satan reden", weil dieser eine sehr intelligente, rhetorisch überlegene „Person" sei.

Das sagte das Kirchenoberhaupt in einem aufgezeichneten Fernsehinterview, das am Mittwoch vom katholischen Sender TV2000 ausgestrahlt werden soll. Satan stehe für das konkrete Böse und nicht für eine diffuse Sache, warnte der Papst. „Er ist keine diffuse Sache, er ist eine Person", sagte der Papst. „der Teufel ist intelligenter als wir".

„Mit dem Teufel kann man nicht sprechen. Wenn du anfängst, mit ihm zu sprechen, bist du verloren, er ist intelligenter als wir, er lässt dich umfallen, er verdreht dir den Kopf." Das Böse, der Teufel, habe einen Vor- und Nachnamen und trete bei uns zu Hause ein. „Er tut so, als sei er wohlerzogen. Mit uns Priestern, Bischöfen ist er wohlerzogen. Und dann geht es übel aus, wenn du es nicht rechtzeitig merkst", sagte der Papst.

„Er verdreht dir den Kopf" Es sei besser wegzugehen. Auch Priestern und Bischöfen gaukle Satan Gelehrtheit vor. „Und wenn du es nicht rechtzeitig bemerkst, dann endet es böse", fügte das Oberhaupt der katholischen Kir-

che hinzu .Das Katholiken-Oberhaupt spricht immer wieder vom Satan. So sei bei Kindesmissbrauch zum Beispiel klar, „dass da der Teufel am Werk ist". Auch bei Widerständen gegen seine Reformbemühungen der Kurie sah er die Handschrift des Satans. Auch vor einem Dialog mit dem Teufel warnte er bereits mehrfach. Franziskus hatte Priestern in der Vergangenheit auch empfohlen, lokale Exorzisten hinzuzuziehen, sollten sie im Beichtstuhl Zeuge großer spiritueller Unordnung werden.

Schlussfolgerung: Das ist wirklich ein ehrliches Geständnis des Chefs, der die wichtigste Sache das „Himmel – Hölle Reich" im Griff haben soll. Oder doch eine klare Erkenntnis der Vernunft? Seit Jahrhunderten wendet der Vatikan erfolgreich wahrlich satanische Methoden an. Ihr Sohn Gottes, namens Jesus Christus, könnte sie für diese teuflischen Aktivitäten an Stelle himmelwärts, der Gerechtigkeit wegen auch in die satanische Sauna schicken.

Ausgangsscenario katholische Kirche

Diese grauenhafte Legende von Adam und Eva, als biblische Wahrheit verkündet, ist die Basis über die Entstehung der Menschheit der katholischen Kirche. Die Frau wird gezielt zur Sünderin und Verführerin gestempelt und dem Mann untergeordnet. Die Schlange als Symbol des Bösen wird verflucht und damit die Hölle und die Feindschaft Satans für Frau und Mann und ihren Nachkommen geschaffen. Adam und Eva wurden der Mühsal des Lebens ausgeliefert. Die Kirche hat ihren Gott zum grausamen, unberechenbaren Herrscher gemacht. Der gleiche Gott wird von ihr als liebender und barmherziger Gott verkauft, der aus Mitleid zur Rettung des Seelenheiles der Menschen seinen Sohn kreuzigen und sterben ließ! Die Kirche hat ihren Gott zur unberechenbaren Fiktion gemacht und bedient sich der Eigenschaften gut und böse in voller Bandbreite zum Nutzen ihrer Macht und Vermögensvermehrung.

Aus erste Buch Mose (Genesis)

Der Sündenfall:

Aber die Schlange war listiger als alle Tiere auf dem Felde, die Gott der HERR gemacht hatte, und sprach zu der Frau: Ja, sollte Gott gesagt haben: Ihr sollt nicht essen von allen Bäumen im Garten? Da sprach die Frau zu der Schlange: Wir essen von den Früchten der Bäume im Garten; aber von den Früchten des Baumes mitten im Garten hat Gott gesagt: Esset nicht davon, rühret sie auch nicht an, dass ihr nicht sterbet! Da sprach die Schlange zur keineswegs des Todes sterben, sondern Gott weiß: an dem Tage, da ihr davon esst, werden eure Augen aufgetan, und ihr werdet sein wie Gott und wissen, was gut und böse ist. Und die Frau sah, dass von dem Baum gut zu essen wäre und dass er eine Lust für die Augen wäre und verlockend, weil er klug machte. Und sie nahm von der Frucht und aß und gab ihrem Mann, der bei ihr war, auch davon und er aß. Da wurden ihnen beiden die Augen aufgetan und sie wurden gewahr, dass sie nackt waren, und flochten Feigenblätter zusammen und machten sich Schurze. Und sie hörten Gott den HERRN, wie er im Garten ging, als der Tag kühl geworden war. Und Adam versteckte sich mit seiner Frau vor dem Angesicht Gottes des HERRN unter den Bäumen im Garten. Und Gott der HERR rief Adam und sprach zu ihm: Wo bist du? Und er sprach: Ich hörte dich im Garten und fürchtete mich; denn ich bin nackt, darum versteckte ich mich. Und er sprach: Wer hat dir gesagt, dass du nackt bist? Hast du nicht gegessen von dem Baum, von dem ich dir gebot, du solltest nicht davon essen? Da sprach Adam: Die Frau, die du mir zugesellt hast, gab mir von dem Baum und ich aß. Da sprach Gott der HERR zur Frau: Warum hast du das getan? Die Frau sprach: Die Schlange betrog mich, sodass ich aß.

Da sprach Gott der HERR zu der Schlange: Weil du das getan hast, seist du verflucht, verstoßen aus allem Vieh und allen Tieren auf dem Felde. Auf deinem Bauche sollst du kriechen und Erde fressen dein Leben lang. Und ich will Feindschaft setzen zwischen dir und der Frau und zwischen deinem Nachkommen und ihrem Nachkommen; der soll dir den Kopf zertreten, und du wirst ihn in die Ferse stechen. Und zur Frau sprach er: Ich will dir viel Mühsal schaffen, wenn du schwanger wirst; unter Mühen sollst du Kinder gebären. Und dein Verlangen soll nach deinem Mann sein, aber er soll dein Herr sein. Und zum Mann sprach er: Weil du gehorcht hast der Stimme deiner Frau und gegessen von dem Baum, von dem ich dir gebot und sprach: Du sollst nicht davon essen –, verflucht sei der Acker um deinetwillen! Mit Mühsal sollst du dich von ihm nähren dein Leben lang. Dornen und Disteln soll er dir tragen, und du sollst das Kraut auf dem Felde essen. Im Schweiße deines Angesichts sollst du dein Brot essen, bis du wieder zu Erde werdest, davon du genommen bist. Denn du bist Erde und sollst zu Erde werden. Und Adam nannte seine Frau Eva; denn sie wurde die Mutter aller, die da leben. Und Gott der HERR machte Adam und seiner Frau Röcke von Fellen und zog sie ihnen an. Und Gott der HERR sprach: Siehe, der Mensch ist geworden wie unsereiner und weiß, was gut und böse ist. Nun aber, dass er nur nicht ausstrecke seine Hand und breche auch von dem Baum des Lebens und esse und lebe ewiglich! Da wies ihn Gott der HERR aus dem Garten Eden, dass er die Erde bebaute, von der er genommen war. Und er trieb den Menschen hinaus und ließ lagern vor dem Garten Eden die Cherubim mit dem flammenden, blitzenden Schwert, zu bewachen den Weg zu dem Baum des Lebens.

Natürlich leben wir heute im 21. Jahrhundert mit umfangreichen historischen Erfahrungen und Erkenntnissen. Gleiches sollte man von der größten Weltreligion annehmen können. Bedauerlicherweise verhält sich diese Institution so, als wären wir noch im tiefen Mittelalter. Erfundene Legenden dienen die Kirche von Jesus zu festigen, die der Jude Jesus Christus nie gegründet hat!

Wiedergabe aus 1997 neu verfassten Katechismus

Absatz 7 **Der Sündenfall**

385 Gott ist unendlich gut und alle seine Werke sind gut. Niemand entgeht jedoch der Erfahrung des Leides, der natürlichen Übel - die mit den Grenzen der Geschöpfe gegeben zu sein scheinen - und vor allem kann niemand dem Problem des sittlich Schlechten ausweichen. Woher stammt das Böse? „Ich fragte nach dem Ursprung des Bösen, doch es fand sich kein Ausweg", sagt der hl. Augustinus (conf. 7,7,11), und sein schmerzliches Suchen wird erst in seiner Bekehrung zum lebendigen Gott einen Ausweg finden. „Die geheime Macht der Gesetzwidrigkeit" (2 Thess 2,7) enthüllt sich nämlich nur im Licht des „Geheimnisses des Glaubens" (1 Tim 3,16). Die in Christus geschehene Offenbarung der göttlichen Liebe zeigt zugleich die Größe der Sünde und die Übergröße der Gnade [Vgl. Röm 5,20.]. Wenn wir uns der Frage nach dem Ursprung des Bösen stellen, müssen wir also den Blick unseres Glaubens auf den richten, der allein dessen Besieger ist [Vgl. Lk 11,21-11; Joh 16,11; 1 Joh 3,8.].

Wo die Sünde groß wurde, ist die Gnade übergroß geworden.

Die Wirklichkeit der Sünde

386 In der Geschichte des Menschen ist die Sünde gegenwärtig. Man würde vergeblich versuchen, sie nicht wahrzunehmen oder diese dunkle Wirklichkeit mit anderen Namen zu versehen. Um zu verstehen, was die Sünde ist, muss man zunächst den tiefen Zusammenhang des Menschen mit Gott beachten. Sieht man von diesem Zusammenhang ab, wird das Böse der Sünde nicht in ihrem eigentlichen Wesen -- als Ablehnung Gottes, als Widerstand gegen ihn -- entlarvt, obwohl sie weiterhin auf dem Leben und der Geschichte des Menschen lastet.

387 Was die Sünde, im besonderen die Erbsünde, ist, sieht man nur im Licht der göttlichen Offenbarung. Diese schenkt uns eine Erkenntnis Gottes, ohne die man die Sünde nicht klar wahrnehmen kann und ohne die man versucht ist, Sünde lediglich als eine Wachstumsstörung, eine psychische Schwäche, einen Fehler oder als die notwendige Folge einer unrichtigen Gesellschaftsstruktur zu erklären. Nur in Kenntnis dessen, wozu Gott den Menschen bestimmt hat, erfasst man, dass die Sünde ein Missbrauch der Freiheit ist, die Gott seinen vernunftbegabten Geschöpfen gibt, damit sie ihn und einander lieben können.

Die Erbsünde – eine wesentliche Glaubenswahrheit

388 Mit dem Fortschreiten der Offenbarung wird auch die Wirklichkeit der Sünde erhellt. Obwohl das Gottesvolk des Alten Bundes im Licht der im Buche Genesis erzählten Geschichte vom Sündenfall die menschliche Daseinsver-

fassung irgendwie erkannte, konnte es den letzten Sinn dieser Geschichte nicht erfassen; dieser tritt erst im Licht des Todes und der Auferstehung Jesu Christi zutage [Vgl. Röm 5, 12-21.]. Man muss Christus als den Quell der Gnade kennen, um Adam als den Quell der Sünde zu erkennen. Der Heilige Geist, den der auferstandene Christus uns sendet, ist gekommen, um „die Welt der Sünde zu überführen" (Joh 16,8), indem er den offenbart, der von der Sünde erlöst.

389 Die Lehre von der Erbsünde [oder Ursünde] ist gewissermaßen die „Kehrseite" der frohen Botschaft, dass Jesus der Retter aller Menschen ist, dass alle des Heils bedürfen und dass das Heil dank Christus allen angeboten wird. Die Kirche, die den „Sinn Christi" [Vgl. 1 Kor 2,16.] hat, ist sich klar bewusst, dass man nicht an der Offenbarung der Erbsünde rühren kann, ohne das Mysterium Christi anzutasten.

Sehr wichtig ist der Kirche die Erbsünde, verursacht durch das erste Elternpaar der Erde. Ihre Paradieslegende ist eine taktisch raffinierte Behauptung ohne Glaubwürdigkeit, die sie per Dogma für immer fixiert, somit für alle zu glauben verpflichtend gemacht hat. Die Aussage lautet: „*alle erbsündigen Menschen sind dem Gesetz des Todes unterworfen*". Das war der Grundstein für die unabwendbare Sündenlast des Menschen, auf das sich die erfolgreiche Strategie der Sündenvergabe aufbaut.

Die Evolutionsforschung, begründet durch Charles Darvin (1808 - 1882), ein eindeutiger Entwicklungsschritt der Menschheit, findet bei der Kirche bis heute nicht die geringste Beachtung. Priorität haben nach wie vor ihre altbewährten Legenden. Die Weitervererbung der erfundenen Erbsünde ist weder mit Logik noch Gerechtigkeit in Einklang zu bringen.

Im neuen Katechismus wird Jesus zum Retter der Menschheit gemacht. Was geschah mit den Menschen vor Jesus? Kamen die Armen ausschließlich in die Hölle und ins Fegefeuer? Was ist mit jenen Menschen, denen die Lehre Jesus unbekannt blieb? Fragen über Fragen und die Kirche findet heute noch für alles Antworten, selbst wenn sie noch so absurd und bei den Haaren herbeigezogen sind. Schlicht eine teuflische Taktik zu Gunsten ihrer Machterhaltung.

Die Grundfeste der Kirche stellt die Taufe dar, durch sie wird die Aufnahme des Säuglings als deren Mitglied bewirkt. Dieser Akt der Kindestaufe kann auch als geistige Vergewaltigung bezeichnet werden, da ein Einverständnis der betroffenen Person nicht gegeben ist. Doch damit ist das Fach Religion in der Schule und seine Mitgliedschaft gesichert.

Natürlich lässt sie die Spendung des Sakramentes Taufe als besonderes Fest feiern. Die Kirche hat doch diesen Menschen in geistige Leibeigenschaft genommen, was als besondere Gnade bezeichnet wird.

Verdammungslehre

Die Strategie der Kirche war und ist die Menschen von der Abhängigkeit ihres Seelenheiles zu überzeugen. Das Wichtigste die Sündenvergabe wurde den Gläubigen in Wort, Schrift und Bild in aller Deutlichkeit dargestellt. Einen besonderen Bekanntheitsgrad erreicht das Gemälde „das jüngste Gericht" des Hieronymus Bosch, das eine sehr schaurige Wirkung bei den Gläubigen auslöste. Diese äußerst bedenkliche Entwicklung zieht sich durch alle Jahrhunderte. Einblick über die Missetaten des Christentums und ihren fürchterlichen Konsequenzen wurde von Karlheinz Deschner in zehn Bänden „Kriminalgeschichte des Christentums", sowie in seiner Dokumentation „Abermals krähte der Hahn" ausführlich wiedergegeben.

Eine kritische Analyse ihres Systems und deren Glaubensvorgaben könnten einen Flächenbrand auslösen und die Existenzberechtigung des Priesterstandes ernstlich gefährden. Katholisch im Sinne der Amtskirche steht in Verbindung mit Kapitalismus. Geldspenden und testamentarische Verfügungen waren und sind noch heute Basis der erfolgreichen Konzernstrategie.
Für den katholischen Priester Martin Luther war dieses Faktum Anlass für seine Reform. Uneinsichtigkeit und Habgier des Papstes und seines Anhangs verursachten die Kirchenspaltung, die Mitverursacher des 30-jährigen

Krieges waren. Die vielen Beiträge im Rahmen der 500. Jahrfeier der Reform in den verschiedensten Medien und Ausstellungen dienten der sachlichen Aufklärung.

Er wäre zu hoffen, dass sich die Menschen daraus ihre eigene Meinung bezüglich der Vorgangsweise des Vatikans und herrschenden Papstes bilden. Die Theologen brauchen keine Angst zu haben. Eine der sichersten Grundfesten ihres gedanklichen Gebäudes ist der Bildungsstand der Menschen. Unter diesem Aspekt ist ihre Tätigkeit, besonders in der dritten Welt, noch lange nicht gefährdet. Natürlich gab und gibt es immer wieder Diener/innen dieser Kirche, die ihre Pflicht den Menschen gegenüber ernst nehmen und sich ihre eigenen Gedanken machen.

Anbei der Kurzauszug der auf Vernunft und medialer Information basierenden Ansicht des Pfarrers Johannes Greber (1874 – 1944) zitiert aus seinem Buch „Der Verkehr mit der Geisterwelt Gottes."

Die Wahrheit ist die: Wer seine Sünden aufrichtig bereut und sich zu Gott wendet, dem vergibt Gott, einerlei ob ein Priester ihm vergeben hat oder nicht. Und wer nicht bereut, dem wird von Gott keine Vergebung zuteil, wenn ihm die Priester auch noch so oft die Lossprechung erteilen. Eure Lehre der Sündenvergebung durch Priester ist daher eine der großen menschlichen Irrungen, die sich im Laufe der Zeit in das Christentum eingeschlichen haben.

Zum Beweis dafür, dass die katholischen Priester die Gewalt haben, die Lossprechung von den Sünden zu erteilen, beruft sich die katholische Kirche auf eine gefälschte Bibelstelle.

Es ist die Stelle: Wenn anderen die Sünde vergebet, so werden sie ihnen vergeben. Wenn ihr sie behaltet, so werden sie ihnen behalten (Joh. 20,23). Du weißt bereits, dass im griechischen Text ein einziges Wörtchen ausgelassen und dadurch der ganze Sinn entstellt ist. Anstatt des Wortes „ihnen" stand im Urtext „euch selbst". Die Stelle hieß also richtig: Wenn ihr anderen die Sünden vergebet, so werden sie euch selbst vergeben. Wenn ihr sie behaltet (oder nicht vergebet), dann werden sie euch selbst behalten (oder nicht vergeben). In diesen Worten verkündet Christus dieselbe Lehre, die in der Bitte des Vaterunsers enthalten ist: „Vergib uns unsere Schuld, wie auch wir vergeben unseren Schuldigern", und die er im direkten Anschluss an das Vaterunser in den Worten ausgesprochen hat: „Denn wenn ihr den Menschen ihre Verfehlungen vergebet, so wird euch eurer himmlischer Vater auch euch vergeben; wenn ihr aber den Menschen nicht vergebet, so wird euch eurer himmlischer Vater eure Verfehlungen auch nicht vergeben" (Matth. 6,14).

Weil eine Gewalt der Sündenvergebung, wie sie die katholische Kirche für sich in Anspruch nimmt, nicht besteht und nicht bestehen kann, ist sie auch niemals in den ersten christlichen Zeiten gelehrt oder ausgeübt worden. Deshalb wurde früher von den Christen auch nie ein Sündenbekenntnis vor einem Priester verlangt. Die Menschen des ersten Christentums wurden aufgefordert entsprechend der Lehre Christi, einander die Sünden zu bekennen, nämlich die Sünden, die sie gegeneinander begangen hatten. Sie sollten das Unrecht, das sie ihren Mitmenschen zugefügt hatten, diesen eingestehen und dadurch die Versöhnung herbeiführen.

Wäre zur Sündenvergebung das Bekenntnis vor einem Priester und dessen Lossprechung erforderlich, dann würden Christus und die Apostel es nicht unterlassen haben darauf hinzuweisen.

Eine sehr sachliche Argumentation mit logischer Schlussfolgerung. Pfarrer Greber hat klare Worte gefunden, denen nichts hinzuzufügen ist.

Erleben sie dazu das Kontrastprogramm der katholischen Kirche in Form ihrer vorgegebenen Glaubenssätze, die mit den Gesetzen eines Staates vergleichbar sind. Zitiert aus dem Lehrbuch „Der Glaube der Kirche in den Urkunden der Lehrverkündigung" von Karl Rahner und Karl-Heinz Weger. 13. Auflage, Verlag Pustet.

Die Glaubenssätze sind in einem Randnummernregister von 1 bis 940 geordnet und werden in der Wiedergabe mit ihrer Nummer (Nr.) bezeichnet.

Nr. 660: *Wer sagt in der katholischen Kirche sei die Buße nicht wirklich und eigentlich ein von Christus, unserem Herrn, eingesetztes Sakrament, um die Gläubigen, sooft sie nach der Taufe in Sünde fallen, mit Gott zu versöhnen, der sei ausgeschlossen (früher = ist verdammt).*

Nr. 661: *Wer das Sakrament vermengt und sagt, die Taufe selber sei das Sakrament der Buße, als seien diese Sakramente nicht verschieden, und deshalb könne man die Buße nicht mit Recht die zweite Rettungsplanke nach dem Schiffbruch nennen, der sei ausgeschlossen.*

Nr. 668: *Wer sagt, die sakramentale Lossprechung des Priesters sei kein richterlicher Akt, sondern eine reine Dienstleistung der Verkündigung und Erklärung, dem Bekennendem seien die Sünden erlassen, falls er glaubt, dass er freigesprochen sei, auch wenn der Priester nicht im Ernst, sondern nur im Scherz die Lossprechung gibt, oder wer sagt, das Bekenntnis des Büßenden sei nicht dazu notwendig, dass ihn der Priester lossprechen kann, der sei ausgeschlossen.*

Die Registernummern der Glaubenssätze, die sich auf das Sakrament der Buße beziehen, gehen von 660 bis 674. Es ist nicht im Sinne dieses Werkes alle anzuführen. Zum historischen Verständnis wird darauf verwiesen, dass der Schlusstext „ist ausgeschlossen" die früheren Worte „ist verdammt" ersetzt.

Würde Jesus heute unter uns sein, er wäre schockiert über das Treiben der katholischen Kirche. Es gibt leider viele Menschen, die in einer sehr tristen Lebenssituation, oft nahe am Verzweifeln sind. Von den Leiden, Entbehrungen und Enttäuschungen des Lebens heimgesucht, bleibt ihnen oft als einzige Hoffnung die Flucht in ihren Glauben. Daher hat die Kirche in den ärmsten Entwicklungsländern auch die höchste Zunahme an Mitgliedern. Hier wird Hoffnungslosigkeit erfolgreich für leere Versprechungen auf ein gutes Jenseits verkauft.

Mit Hölle und Verdammnis schafft man keine positive Lebenseinstellung, sondern Angst und Furcht. Damit wird bedauerlicher Weise von Vertretern der Religion Kapital für ihre Organisation lukriert. Tue Buße und bereue bevor Du Dich von dieser Welt verabschiedest, um nicht in den ewigen Flammen der Hölle schmoren zu müssen. Nicht selten geschieht es, dass die Kirche als testamentarischer Nutznießer hervorgeht. Daher wird dem Sakrament „der letzten Ölung" besondere Bedeutung beigemessen.

Nr. 896: *Er (Jesus Christus) wird kommen am Ende der Welt zum Gericht über Lebende und Tote, einem jeden zu vergelten nach seinen Werken, den Verworfenen und den Auserwählten. Diese werden alle mit dem eigenen Leib, den sie hier tragen, auferstehen, damit die einen mit dem Teufel die ewige Strafe und die anderen mit Christus die ewige Herrlichkeit empfangen, je nach ihren guten oder schlechten Werken.*

Nr. 898: *Wer aber ohne Buße in der Todsünde stirbt, wird ohne Zweifel von der Glut der ewigen Hölle auf immer gepeinigt.*

Es ist einfach erschütternd, was die katholische Kirche den Menschen im 21. Jahrhundert alles zumutet. Man fühlt sich ins tiefste Mittelalter zurückversetzt. Bei einer Diskussion mit einem mir bekannten Priester, welches Gefühl er habe, wenn er den Beichtenden die Sünden vergibt antwortete er folgendermaßen: „Ich spreche ja nur die Lossprechung, die Sündenvergabe macht doch der liebe Gott" Der liebe Gott wird sich ja hoffentlich daran erinnern, dass ihm die Kirche das angeordnet hat und er sich beim Jüngsten Gericht wegen unterlassener Pflichterfüllung nicht selbst verurteilen und in der Hölle schmoren muss. Text der Lossprechungsformel: *„Gott, der barmherzige Vater, hat durch den Tod und die Auferstehung seines Sohnes die Welt mit sich versöhnt und den Heiligen Geist gesandt zur*

Vergebung der Sünden. Durch den Dienst der Kirche schenke er dir Verzeihung und Frieden. So spreche dich los von deinen Sünden im Namen des Vaters und des Sohnes und des Heiligen Geistes."

Machen wir uns Gedanken darüber, wie die Aktivität eines katholischen Priesters einzustufen ist. Als Theologe sollte er über die historische Entwicklung des Bussakramentes Bescheid wissen. Auf diese Tour wird selbst das größte „Ferkel" immer wieder reingewaschen und kann seinen Leidenschaften und Absichten weiter frönen. Man kann diese Vorgangsweise schlicht als Betrug bezeichnen. Doch gerade dieses Faktum war und ist für die Kirche die wahre Quelle ihrer Begehrlichkeiten, geprägt durch die Anreicherung mit Kapital und Liegenschaften.

Es gibt heute noch genug Gläubige, die meinen sich damit den von der Kirche versprochenen Himmel kaufen zu können. Daher ist das Sterbesakrament von besonderer Bedeutung, das von den Priestern zum Nutzen ihrer Kirche voll ausgeschöpft wird. Wie sieht es mit dem Gewissen eines Priesters aus, wenn er bei der Beichte die Lossprechung von den Sünden durchführt? Müsste er sich korrekterweise nicht als Betrüger fühlen? Ich habe volles Verständnis, wenn diese Handlungsweise von Bürgern mit Vernunft und Gespür für Gerechtigkeit als krimineller Akt empfunden wird.

Im Islam erfolgt die Beichte ausschließlich zwischen Person und Gott. Nur eine ehrliche Reue ergibt die Vergebung der Sünden, sofern die Absicht besteht sie nicht wieder zu begehen. Doch Sünden gegenüber anderen Personen sind erst mit diesen zu begleichen. Beleidigungen, Verleumdungen und Betrug kann nur durch die Wiedergutmachung und Verzeihung der Betroffenen beglichen werden. Erst danach kann ein Muslim von Allah Vergebung erwarten. Da könnte die katholische Kirche vom Islam noch etwas lernen.

Befasst man sich mit der historischen Entwicklung der katholischen Kirche, wird man als Endresultat feststellen, dass ihre Glaubensvorgaben wenig mit der ursprünglichen Lehre Jesus Christus zu tun haben, sondern diese zu ihrem Vorteil missbraucht. Dieser Umstand wird von mehreren Erkenntnissen und Informationsquellen der neueren Zeit bestätigt.
Beachtenswert sind auch die medial empfangenen Informationen von Hildegard von Bingen (1098 – 1179) und Teresa von Avila (1515 – 1582), zitiert aus dem Buch „Von drüben II" von Eva Herrmann:

„So gesehen eilen die Belange der Kirche einer dramatischen Wende entgegen. Die Fortgeschrittenen und daher Unabhängigeren unter euch werden kaum länger die Herrschaft einer Institution dulden, deren Träger ihre vor

langer Zeit widerrechtlich angeeignete Macht keineswegs aufzugeben gewillt sind, und dies aus Motiven, die von äußerem Zynismus bis zur höchsten Religiosität reichen. Als erstes werde dich über deine Einstellung einem Höherem Wesen gegenüber völlig klar und lösche alles aus, was in dieser Beziehung auf bloße Tradition oder autoritären Befehl zurückgeht".

Die Bibel gleicht einem Wasserlauf

Im Gebirge entspringt der Quelle klares, frisches Wasser. Je länger und weiter es durch von Menschen bewohnten Landstrichen fließt, umso stärker wird seine Qualität durch menschliche Beeinflussung verschlechtert. Vor der Meeresmündung ist man oft entsetzt darüber, wie die Inanspruchnahme, Nutzung und Benutzung die Qualität verändert haben.

Ähnlich ist es mit der Lehre von Jesus Christus, deren Inhalte von den Trägern der christlichen Religion über fast zwei Jahrtausende in ihrem Sinne adaptiert wurden. Frei nach dem Motto „der Zweck heiligt die Mittel" ist als Endresultat die „Heilige Schrift" von heute entstanden. Somit darf es nicht verwundern, wenn der Inhalt – wie bei einem natürlichen Wasserlauf – durch die Belastungen des

Zeitgeschehens nur mehr ein dürftiges Fragment vom historischen Jesus Christus übrig geblieben ist.

Im Jahr 383 schuf der Heilige Hieronymus im Auftrag von Papst Damasus I. die in Latein geschriebene Bibel genannt „Vulgata". Nachfolgend ein Auszug aus dem Brief, den Hieronymus an Papst Damasus I. schrieb, nachdem er die Überarbeitung der vier Evangelien des Neuen Testaments abgeschlossen hatte.

Wiedergegeben aus „Vorrede zum Neuen Testament":

„Du zwingst mich, ein neues Werk aus einem alten zu schaffen, gleichsam als Schiedsrichter zu fungieren über Bibelexemplare, nachdem diese [seit langem] in aller Welt verbreitet sind, und, wo sie voneinander abweichen, zu entscheiden, welche mit dem authentischen griechischen Text übereinstimmen. Es ist ein Unterfangen, das ebenso viel liebevolle Hingabe verlangt, wie es gefährlich und vermessen ist; über die anderen zu urteilen und dabei selbst dem Urteil aller zu unterliegen; in die Sprache eines Greises ändernd einzugreifen und eine bereits altersgraue Welt in die Tage ihrer ersten Kindheit zurückzuversetzen. Wird sich auch nur einer finden, sei er gelehrt oder ungelehrt, der mich nicht, sobald er diesen Band [die Überarbeitung der Evangelien] in die Hand nimmt und feststellt, dass das, was er hier liest, nicht in allem den Geschmack dessen trifft, was er einmal in sich aufgenommen hat,

lauthals einen Fälscher und Religionsfrevler schilt, weil ich die Kühnheit besaß, einiges in den alten Büchern zuzufügen, abzuändern oder zu verbessern? Zwei Überlegungen sind es indes, die mich trösten und dieses Odium auf mich nehmen lassen: zum einen, dass du, der an Rang allen anderen überlegene Bischof, mich dies zu tun heißest; zum anderen, dass, wie auch meine Verleumder bestätigen müssen, in differierenden Lesarten schwerlich die Wahrheit anzutreffen ist. Wenn nämlich auf die lateinischen Texte Verlass sein soll, dann mögen sie bitte sagen: Welchen? Gibt es doch beinahe so viele Textformen, wie es Abschriften gibt. Soll aber die zutreffende Textform aus einem Vergleich mehrerer ermittelt werden, warum dann nicht gleich auf das griechische Original zurückgehen und danach all die Fehler verbessern, ob sie nun auf unzuverlässige Übersetzer zurückgehen, ob es sich bei ihnen um Verschlimmbesserungen wagehalsiger, aber inkompetenter Textkritiker oder aber einfach um Zusätze und Änderungen unaufmerksamer Abschreiber handelt? ... Ich spreche nun vom Neuen Testament: Matthäus, Markus, Lukas, Johannes; sie sind von uns nach dem Vergleich mit griechischen Handschriften - freilich alten! - überarbeitet worden. Um jedoch allzu große Abweichungen von dem lateinischen Wortlaut, wie man ihn aus den Lesungen gewohnt ist, zu vermeiden, haben wir unsere Feder im Zaum gehalten und nur dort verbessert, wo sich Änderungen des

Sinns zu ergeben schienen, während wir alles übrige so durchgehen ließen, wie es war."

Die katholische Kirche verstand es, sich durch die Einführung diverser Sakramente, die ihren Anhängern verpflichtend vorgegeben wurden, unersetzlich zu machen. Doch nicht Toleranz und Nächstenliebe waren die wichtigsten Elemente, sondern Drohungen mit Teufel, Hölle und Fegefeuer haben ihrer Anhänger bis zur sklavenhaften Unterwürfigkeit gezwungen. Entscheidend war nicht das Wohlergehen ihrer Gläubigen, sondern der Ausbau ihrer Macht und die Vergrößerung ihres Einflussbereiches.

Bei der Auswahl der Methoden war man nicht zimperlich. Schließlich rechtfertigten auch „Heilige Kriege" die Vermehrung der Ehre Gottes. Skrupelloses abschlachten Andersgläubiger, sowie der Scheiterhaufen für denkende Menschen mit eigener Meinung, gehörten zum Standard in der historischen Entwicklung ihres Machtimperiums.

Die Verehrung Gottes war in erster Linie Vorwand, der persönliche Vorteil, sowie Status ihrer hohen Würdenträger, das Hauptziel. Was Kaisern und Königen ihre Paläste und Schlösser, waren für die Kardinäle und Bischöfe Kathedralen, Dome und Residenzen. Die Ehre Gottes diente somit auch ihrem Ruhm und Ansehen.

Ihre fundamentalen Festlegungen drohen mit Ausschluss oder konkret gesagt, dem ewigen Höllenfeuer für jene Menschen, die sich nicht ihrem Joch unterwerfen. Ein Zustand, der für Menschen mit freiem Willen und Intelligenz nicht akzeptabel ist. Ein Glücksfall für die katholische Kirche, dass nur ein sehr geringer Anteil ihrer Mitglieder Einblick in ihre Dogmen und verbindlichen Glaubenssätze nimmt, die sie bewusst in den Hintergrund rückt.

Friedensengel mit Bombe

Die Flüchtlingspolitik ist zu einem Hauptproblem geworden. Mehr Wohlstand in Afrika würde den Drang, die Heimat zu verlassen, reduzieren. Doch die Realisierung dessen, abgesehen von den verursachten Kosten, darüber scheiden sich die Meinungen. Investitionen, die den Abbau von Rohstoffen im Programm haben, sind nicht unproblematisch. Natürlich sind in erster Linie die afrikanischen Regierungen gefordert, wirksame Maßnahmen zu ergreifen. Doch das Faktum „Geld regiert die Welt" macht sich auch hier bemerkbar.

Selbstkritik in der Sache Entwicklungshilfe ist angebracht. Doch hier darf auf keinen Fall auf einen Verursacher und dessen Institution vergessen werden. Er präsentiert sich als Friedenengel. Die Realität sieht anders aus, indem man sich bemüht Gebiete von Afrika im mittelalterlichen Status verharren zu lassen! Die Reise von Papst Franziskus nach Afrika und seine verkündete Einstellung zu Aufklärung und Empfängnisverhütung veranlassten mich, im Oktober 2016 Anzeige beim Internationalen Gerichtshof für Menschenrechte zu erstatten.

An den

Internationalen Justizgerichtshof für Naturrecht, Menschenrecht, Völkerrecht und allgemeingültige Rechtsprechung

Anklage: Kein Denkmalschutz für Religionen – konkret katholische Kirche.

Missbrauch von Behauptungen ohne Realitätsbezug zum Vorteil der Organisation, jedoch zum Schaden der ganzen Welt

Besonders die südlichen Länder von Afrika werden von einer Bevölkerungsexplosion bedroht und haben die stärkste AIDS- Verbreitung:

Papstkommentar (ORF 30.11.2015) auf die Frage ob der Gebrauch von Kondomen zur Vermeidung von HIV-Infektionen erlaubt werden solle?

„Es gelte das Gebot der Enthaltsamkeit gegen das Verbot des Tötens abzuwägen. Es gehe darum, das Leben zu verteidigen oder den Geschlechtsverkehr, aus dem das Leben kommt."

Diese Person erlaubt sich Verhütungsmaßnahmen als Totschlag zu bezeichnen und setzt damit die Basis zur Entmündigung der Frau, für Überbevölkerung, Elend und Fluchttragödien von x Millionen ja auf Zukunft gesehen Milliarden von Menschen (laut Prognosen wird die Bevölkerungsexplosion im AIDS-reichsten Kontinent bis 2050 auf 2,4 und bis 2100 auf 4,2 Milliarden Menschen ansteigen – siehe Literatur: „Schlechte Karten für die Zukunft".

„Wissenschaft" ohne Logik widerspricht der humanitären Grundhaltung: Zitiert aus „Grundriss der katholischen Dogmatik" von Ott: Die Theologie überragt alle übrigen Wissenschaften durch die höchste Gewissheit ihrer Erkenntnis, die sich auf das unfehlbare Wissen Gottes gründet. Ein Dogma ist eine Aussage, deren Wahrheitsanspruch als unumstößlich und unveränderbar gilt.

„Gott ist unendlich gerecht, barmherzig und die absolute wohlwollende Güte.

Die Seelen derer, die im Zustand der schweren Sünde sterben, gehen in die Hölle ein. Die Höllenstrafe dauert in alle Ewigkeit. Der Tod ist die Straffolge der Sünde."

Eine Reihe von Dogmen und Inhalte von Glaubenssätzen widersprechen jeder Logik sowie Vernunft und dürfen keinen Rechtsanspruch haben auf einer öffentlichen Universität gelehrt zu werden! Staatlich erlaubte „Narrenfreiheit" ist mit Wissenschaft unvereinbar!

Durch gezielte Falschaussagen hat die Kirche die Menschen über Jahrhunderte zu ihrem Vorteil missbraucht und sich bereichert und sie macht es heute noch. Der durch Betrug der Menschen angehäufte Reichtum durch äußerst bedenkliche Erweckung von Hoffnungen durch testamentarische Begünstigung der Organisation sind schwerwiegende Delikte des kriminellen Weltkonzerns katholische Kirche.

Nicht nur die katholische Kirche, auch andere Religionen wie der Islam, missbrauchen Menschenrechte und missachten die Menschenwürde, besonders jene der Frauen, und sind wie schwere Kriegsverbrechen, international anzuklagen und zu verurteilen.

Mit freundlichen Grüßen

Dr. Alfred Pirker

Werter Adressat,

vielen Dank für Ihre Nachricht. Zur Zeit befinden wir uns in diplomatischen Terminen und beantworten daher Ihre Post zu einem späteren Zeitpunkt.

Danke für Ihr Verständnis.

Diplomatische Grüße
marcus : steiner
General Director ICCJV
International Common Law Court of Justice Vienna
Internationaler Justizgerichtshof für Naturrecht, Menschenrecht, Völkerrecht und allgemeingültige Rechtsprechung

Hoch gestecktes Ziel rückt in die Ferne (orf.at 06.12.2017)

Über 309 Millionen Mädchen und Frauen in den 69 ärmsten Ländern der Welt haben mittlerweile Zugang zu Empfängnisverhütung. Das sind fast 39 Millionen mehr als 2012, wie das weltweite Netzwerk Familyplanning 2020 (FP2020) am Dienstag in Washington berichtete.

Allein zwischen Juli 2016 und Juli 2017 habe es durch Pille, Kondom oder Langzeitspritze 84 Millionen ungewollte Schwangerschaften weniger gegeben. Auch 26 Mil-

lionen unsichere Abtreibungen und 120.000 Todesfälle von Müttern konnten so verhindert werden. Am stärksten waren die Zuwächse im Osten und Süden Afrikas.

In Westafrika habe sich die Situation vor allem an der Elfenbeinküste und in Burkina Faso verbessert, berichtete Fatimata Sy von der regionalen Organisation Ouagadougou Partnership. Doch obwohl in den ärmsten Ländern des Kontinents in diesem Jahr 16 Millionen mehr Frauen verhüten als 2012, hat insgesamt bisher kaum ein Viertel aller Frauen zwischen 15 und 49 Jahren (23,4 Prozent) der Region Zugang zu modernen Möglichkeiten der Familienplanung.

Wenig Hoffnung auf Zielerreichung

2016 flossen 1,2 Milliarden US-Dollar zumeist von den USA (44,8 Prozent) in die von FP2020 unterstützten bilateralen Programme. Doch die Gelder sind seit zwei Jahren rückläufig, beklagte Direktorin Beth Schlachter bei der Vorstellung des fünften Jahresreports am Dienstag. Vor allem durch die veränderte US-Politik sei die Zukunft ungewiss. Die Hoffnung liege nun auf anderen Ländern.

„Das hoch gesteckte Ziel, bis 2020 insgesamt 120 Millionen Frauen zusätzlich Zugang zu modernen Mitteln der Empfängnisverhütung zu verschaffen, werden wir wohl erst zwischen 2025 und 2030 erreichen.

Der südliche Teil Afrikas wird von christlichen Religionen dominiert. Empfängnisverhütung war und ist für den Papst kein Thema. Enthaltsamkeit lautet die Anordnung seiner Heiligkeit, schlicht realitätsfremd und verantwortungslos. Armut, Hungersnöte und zunehmende Trockenperioden mit schlechter Ernte prägen Gegenwart und Zukunft. Wo sollen sie hin?

Gleichzeitig ist die Kirche stolz auf die überdurchschnittlich hohe Zunahme an Gläubigen in diesen Gebieten. Hier bewährt sich das historisch erprobte Erfolgsprinzip. Je schlechter es den Menschen geht, umso gläubiger werden sie. In der größten Not, flieht man zu Gott. Das Flüchtlingsproblem heute ist eine Kleinigkeit gegenüber der zu erwartenden Bevölkerungsexplosion und den drohenden Fluchtwellen.

Aufklärung und Verhütung haben im Rahmen der Entwicklungshilfe an erster Stelle zu stehen. Sollte sich Einsicht und Gewissen der Vertreter der Kirche nicht ändern, was wohl einem Wunder gleichkäme, wird ihr Handeln als Kapitalverbrechen in die Geschichte eingehen. Das größte Problem, die hohe Geburtenrate und somit exorbitantes Wachstum der Bevölkerung ist mit verursacht durch die inhumane Glaubenslehre des Konzerns Vatikan. Statt Aufklärung und Empfängnisverhütung zum Wohle dieser

Menschen oberste Priorität einzuräumen, fährt seine Heiligkeit mit dem Retourgang zurück ins Mittelalter.

Bitteres Leid, Elend und Unwissenheit sind die besten Kriterien um die Menschen gläubig zu machen. Das ist die altbewährte Strategie ihres Erfolges.

Ein nicht vorstellstellbares Horrorszenario, wenn Milliarden von Menschen durch den Hunger zur Flucht genötigt werden und Europa als den hoffnungsvollsten Erdteil der Welt als ihr Fluchtziel erwählen. Hier geht es dann nicht mehr um Millionen von Menschen, sondern auf das 21. Jahrhundert bezogen um Milliarden.

Nicht salbungsvolle Worte vor der UNO ändern die Situation, sondern beinhartes Erkennen des drohenden Zukunftsszenarios und eine rasche Einleitung von wirksamen Maßnahmen gebietet das Gewissen.

Die grausamen Konsequenzen des eigenen Handelns nicht erkennen oder nicht erkennen wollen, jedoch andere zu rügen, verleiht seiner Heiligkeit einen sehr „unheiligen Status".

Analyse katholische Kirche

Der Kapitalfehler der Weltreligion ist ihre Präsentation der alles Wissenden. Irrtum ausgeschlossen, da es sich um göttliche Weisheit handelt. Aus Machtstreben wird bewusst Denken auf Vernunftebene und angemessene Reaktion auf historische Erkenntnisse verweigert. Religion unterbindet jeden Zweifel, absolute Gläubigkeit ist alles.

Damit verbunden ist die Klassifizierung der Menschen in Gläubige und Nichtgläubige, wodurch von katholischer Seite, wie auch beim Islam, die Zweiklassengesellschaft im Diesseits und Jenseits deklariert wird. Durch Institutionen in Form von Verbindungen und Vereinen wurde politisch ein effizientes Netzwerk aufgebaut, dessen Aufgabe es ist, der Kirche einen entsprechenden Einfluss in gesellschaftlichen und wirtschaftlichen Bereichen zu sichern. So manche Aktivitäten dieser Institutionen stehen mit Demokratie nicht im Einklang. Eine Lehre, die jeder Logik und Vernunft widerspricht, ist bedenklich.

Es stellt sich die Frage, wie dieses Handeln, sowohl von katholischer wie politischer Seite, mit aufrechtem Gewissen vereinbar ist. In der Rechtsauffassung bezüglich der religiösen und weltanschaulichen Neutralität des Staates sehe ich ein großes Problem.

Die Kirche hat durch eigenes Kirchenrecht und Kirchengericht einen Kirchenstaat im Staat errichtet. Damit wird einer Religion „Narrenfreiheit" gewährt, was unvereinbar ist mit Rechte und Würde der Menschen.

Grundlage der katholischen Kirche sind ihre 245 Dogmen. Ein Dogma ist eine feststehende Definition oder Lehrmeinung, deren Wahrheitsanspruch als unumstößlich gilt. Davon eine Auswahl von nur 12, gleich der Apostelanzahl, aus Grundriss der Dogmatik von Ludwig Ott. Prüfen sie selbst, wie deren Aussagen mit Vernunft und Logik in Einklang zu bringen sind.

064. Die Erbsünde wird durch natürliche Zeugung fortgepflanzt

071. Der Teufel besitzt auf Grund der Sünde Adams eine gewisse Herrschaft über die Menschen

093. Christus hat uns durch seinen Opfertod am Kreuze losgekauft und mit Gott versöhnt.

100. Maria war Jungfrau vor, in und nach der Geburt.

120. Ohne Glauben ist die Rechtfertigung eines Erwachsenen nicht möglich.

134. Die Kirche wurde von dem Gottmenschen Jesus Christus gegründet.

136. Christus hat seiner Kirche eine hierarchische Verfassung gegeben.

139. Nach der Anordnung Christi soll Petrus im Primat über die gesamte Kirche für alle Zeiten Nachfolger haben.

202. Das sakramentale Sündenbekenntnis ist kraft göttlichen Rechtes angeordnet und zum Heile notwendig

215. Die Kirche besitzt die Gewalt, Ablässe zu verleihen.

235. Alle erbsündigen Menschen sind dem Gesetz des Todes unterworfen.

244. Die Toten werden mit demselben Leib auferstehen, den sie auf Erden getragen haben.

Die 2. Ebene der kirchlichen Bestimmungen sind ihre Glaubenssätze. Der Unterschied zu den Dogmen liegt in der Veränderbarkeit ihrer Inhalte und Ungültigkeitserklärung durch den Papst. Entnommen aus Neuner-Roos „Der Glaube der Kirche in den Urkunden der Lehrverkündigung" 13. Auflage.

Um einen Einblick in diesen Bereich zu erhalten genügt die Auswahl von rund einem Prozent der kirchlichen Vorgaben.

Nr. 195 Wer nicht mit den heiligen Vätern im eigentlichen und wahren Sinne die heilige und immer jungfräuliche und unbefleckte Maria als Gottesgebärerin bekennt, da sie ohne Samen, vom Heiligen Geiste empfangen und unversehrt geboren hat, indem unverletzt blieb ihrer Jungfrauschaft auch nach der Geburt: der sei verworfen.

Nr. 256 Wer nicht bekennt, dass der Sohn Gottes wahrer Gott ist, wie sein Vater wahrer Gott ist, dass er alles kann und alles weiß und dessen Vater gleich ist, irrt im Glauben.

Nr. 356 Wer leugnet, dass die neugeborenen Kinder getauft werden müssen - der sei ausgeschlossen. (früher = verdammt)

Nr. 367 Im Glauben müssen wir festhalten, dass außerhalb der apostolischen, römischen Kirche niemand gerettet werden kann; sie ist die einzige Arche des Heils und jeder, der nicht in sie eintritt, muss in der Flut untergehen

Nr. 668 Wer sagt, die sakramentale Lossprechung des Priesters sei kein richterlicher Akt, sondern eine reine Dienstleistung, der sei ausgeschlossen

Nr. 746 Wer sagt, Eheangelegenheiten gehörten nicht vor den kirchlichen Richter, der sei ausgeschlossen.

Nr. 828 Wer behauptet, dass die Menschen ohne Christi Gerechtigkeit, durch die er für uns Verdienste erwarb, gerechtfertigt werden, der sei ausgeschlossen.

Nr. 851 Wer behauptet, dass die katholische Lehre von der Rechtfertigung, die von der heiligen Kirchenversammlung in diesem Lehrentscheid ausgesprochen wurde, tue irgendwie der Ehre Gottes oder dem Verdienst Jesu Christi unseres Herrn Eintrag und setze nicht vielmehr die Wahrheit unseres Glaubens und endlich die Ehre Gottes und Christi Jesu ins helle Licht, der sei ausgeschlossen.

Es ist einfach unfassbar, wie derartige Vorgaben im 21. Jahrhundert von den Menschen ernst genommen werden können. Ein Hauptgrund dafür liegt in der Unbekanntheit der wichtigsten Glaubensgrundlagen der Kirche, die nach Rang in Dogmen und Glaubenssätzen festgelegt sind.

Natürlich hat die Kirche selbst kein Interesse diese ihren Gläubigen bekannt zu geben, da deren Inhalt in der heutigen Zeit eine sehr negative Resonanz bei ihren Mitgliedern auslösen könnte.

Die Zeiten der brennenden Scheiterhaufen sind vorbei, doch die Glaubensgrundlagen haben sich nicht verändert.

Heute „in Stein gemeißelte gültige" Vorgaben der Amtskirche.

„Den höchsten Gewissheitsgrad besitzen die unmittelbar geoffenbarten Wahrheiten. Der ihnen gebührende Glaubensassens stützt sich auf die Autorität des offenbarenden Gottes (fides divina) und, wenn die Kirche durch ihre Vorlage das Enthaltensein in der Offenbarung verbürgt, auch auf die Autorität des unfehlbaren Lehramtes der Kirche (fides catholica). Wenn sie durch ein feierliches Glaubensurteil (Definition) des Papstes oder eines allgemeinen Konzils vorgelegt werden, sind sie „de fide definita."

„de fide definita" ist der eigene Dolchstoß der Amtskirche bezüglich ihrer Glaubwürdigkeit. Menschliches Werk mit dem Prädikat „ göttliche Weisheit" zu versehen, garantiert die Unmöglichkeit einer Korrektur.

„de fide definita" ist aus seiner historischen Entstehung als Ausgangsbasis für die „Wissenschaft Theologie" nachvollziehbar. Blockiert jedoch jede zukünftige Entwicklung und die Möglichkeit der längst fälligen Korrektur. Ihre Vertreter versuchen die Maske der Humanität aufzusetzen, um zu verbergen, dass sie ihre mittelalterliche Rüstung weder gewillt sind abzulegen, geschweige es ihnen gestattet ist zu tun. Sie versteinert damit ihre Unfehlbarkeit, die sie damit für immer unter Denkmalschutz stellt.

Für diese vom Staat akzeptierte Narrenfreiheit für Religionen zahlt der Bürger auch noch Steuer in doppelter Weise. Alle Staatsbürger finanzieren gemäß Konkordat den Religionsunterricht in den Schulen und die Ausbildung auf den Universitäten. Die Mitglieder der Religion zahlen Kirchensteuer, deren Abschreibung die Einnahmen an Steuern reduzieren. Was auf Vernunftebene als übler Scherz aufgefasst werden kann, ist leider gesetzlich abgesicherte Realität. Diese nach kirchlicher Auffassung „höchste aller Wissenschaften" bringt Wissenschaft und Forschung in Verruf, da Logik und neue Erkenntnisse a priori keine Chance auf Akzeptanz haben.

Der Vergleich mit einem Kabarett ist nicht absurd, schließlich hat sich das Spiel dieser tragischen Komödie seit Jahrhunderten bewährt. Die Repräsentanten im roten Purpur werden ihr Spiel mit uns mit politischer Unterstützung so lange fortsetzen, bis endlich den vernünftigen Bürgern der Kragen platzt!

Religion ist ein aufgebautes Konstrukt, das die Vorstellung des Kriteriums „Gott" in ihrem Sinne definiert, um die Menschen ihr hörig und untertan zu machen. Sie ergeben sich den Vorgaben einer Institution oder Organisation in der Annahme, es sei gut für das Leben und ihr Seelenheil. Vernachlässigen dabei die kritische Hinterfragung der historischen Entwicklung und deren Absicht, die mit der Ursprungslehre von Jesus Christus wenig zu tun hat. Die historische Person Jesus Christus hat nie eine Kirche gegründet.

Dieser Institution machtpolitische Interessen zu unterstellen, hat volle Berechtigung. Das schlimme daran, in einem Kaufhaus bekomme ich brauchbare Ware. Von der Kirche hoffnungsvolle Versprechungen, die sich als Schwindel enttarnen lassen! Dazu dient vor allem das erfolgreich praktizierte Sakrament der Buse. Diese Tätigkeit „als Waschmaschine von Sünden" zu bezeichnen, entspricht der vorgetäuschten Wirkung. Sie ist die Basis des Systems ihre Anhänger in lebenslange Abhängigkeit zum Wohle ihrer hierarchischen Institution und deren Vertreter zu machen. Durch die Ideologie der katholischen Kirche werden Gläubige anderer Kirchen insbesondere Personen ohne Religionsbekenntnis zu Menschen 2. Klasse deklariert. Was so manche ihrer Mitglieder bewegt, Nichtmitglieder ihrer Kirche abwertend, ja sogar verachtend einzuschätzen.

Die Meinung, die Kirche habe sich der heutigen Zeit angepasst, ist bedauerlicherweise ein gravierender Irrtum. Dazu hat sie sich selbst durch die Verkündigung ihrer Dogmen, die unveränderbare göttliche Weisheiten sind, jede Möglichkeit genommen.

Wie schwerfällig und beinahe unbelehrbar sie ist, sei am Beispiel Galileo Galilei aufgezeigt. Der Gelehrte Galileo Galilei (1564 – 1642) vertrat die Erkenntnis (1514) des Kopernikus, dass sich die Planeten, somit auch die Erde, um die Sonne drehen. Dies stand im Widerspruch zur kirchlichen Ansicht nach der die Erde der Mittelpunkt des Universums ist, um den sich die Sonne dreht. Um dem Scheiterhaufen zu entgehen musste er abschwören, worauf ihn das Inquisitionsgericht zu lebenslangem Hausarrest verurteilte. Papst Johannes Paul II. setzte 1979 eine Kommission ein, die nach 12 Jahren Tätigkeit seine Rehabilitation 1991 rechtfertigte.

Es ist nicht zu erwarten, dass diese Institution ihre schweren Verfehlungen eingesteht und die Menschen in Zukunft nach den Maßstäben der Vernunft und Humanität behandeln wird. Als Beispiel ihrer Arroganz die päpstliche Befehlsausgabe vom Jahr 1998:

Apostolisches Schreiben *Ad tuendam fidem*, (Schluß)

5. Wir befehlen, dass alles, was Wir durch dieses als *Motu Proprio* erlassene Apostolische Schreiben entschieden haben, in der oben dargelegten Weise in die allgemeine Gesetzgebung der katholischen Kirche, in den *Codex Iuris Canonici* bzw. in den *Codex Canonum Ecclesiarum Orientalium*, einzufügen und unter Aufhebung alles Entgegenstehenden rechtskräftig und gültig ist.

Rom bei St. Peter, am 18. Mai 1998, im 20. Jahr Unseres Pontifikates

PAPST JOHANNES PAUL II.

Ehrlichkeit und Betrug sind konträre Fakten. Jeder Mensch hat selbst zu entscheiden was richtig oder falsch ist, somit welcher Weg für sein persönliches Wohl und im Sinne der Humanität der richtige ist.

Philosoph Seneka (4 v. Chr. – 65 n. Chr.):

„Dem gemeinen Mann ist Religion wahr, dem Weisen unwahr und dem Herrscher nützlich".

Verstehen sie die Kritik nicht auf die Personen ihrer Glaubensgemeinschaft bezogen, sondern ausschließlich auf Lehre und Bestimmungen der Religion. Dafür sind nicht die Gläubigen verantwortlich, sondern deren Vertreter und Repräsentanten, die sie im Laufe der historischen Entwicklung geprägt haben und es noch heute tun. Selbst Letztere muss man in Schutz nehmen, da sie im humanitären Sinne betrachtet Opfer ihrer eigenen Religionstheorie, konkret formuliert ihres Glaubens, geworden sind. Daher sind die Gläubigen zwar durch die Religion getäuscht worden, was jedoch nicht bedeutet einen falschen Weg gegangen zu sein.

Paulus, schreibt im 2. Korinther 9 Vers 6 „Wer wenig sät, der wird auch wenig ernten; wer aber viel sät, der wird auch viel ernten". In klaren Worten ausgedrückt „was du säst, wirst du ernten". Dieser Grundsatz gilt in verschiedenen Religionen und wird auch von Atheisten ernst genommen, die sich der Humanität verpflichtet fühlen.

Der gröbste Fehler eures Glaubens ist die Lehre der Sündenvergabe und seine Ausgrenzung der Andersgläubigen und Nichtgläubigen. Den Himmel kann sich niemand kaufen, er muss ehrlich verdient werden. Die Annahme Menschen, die sich von Religionsvertretern nicht verführen lassen, benachteiligt Gott, ist sehr naiv. Natürlich bemüht sich Papst Franziskus mehr Menschlichkeit in die verkrustete vatikanische Struktur zu bringen. Doch der Widerstand des eigenen Regimes ist groß. Wie am Beispiel Kommunion für Wiederverheiratete zu erkennen ist, werfen ihm seine Gegner häretisches agieren vor. Der derzeitige Papst bringt sich durch seine Einstellung selbst in Lebensgefahr.

orf.at 6. Dezember 2017, 14:47

„Es ist nicht Gott, der den Menschen in Versuchung stürzt"

Vatikanstadt – Papst Franziskus hat die Fassung der Vaterunser-Bitte "führe uns nicht in Versuchung" kritisiert. Das sei "keine gute Übersetzung", sagte er laut Kathpress in einem Interview des italienischen Senders TV 2000, das am Mittwochabend ausgestrahlt wird. Es sei nicht Gott, der den Menschen in Versuchung stürze, um zu sehen, wie er falle. "Ein Vater tut so etwas nicht; ein Vater hilft, sofort wieder aufzustehen. Wer dich in Versuchung führt, ist Satan", so der Papst.

„ Seine Heiligkeit" warum hilft Gott der gefallenen Kirche nicht aufzustehen, die Ihn seit Jahrhunderten zu ihrem Vorteil missbraucht?

Altes Denken ist nicht geeignet eine historisch entstandene Religion zu sanieren, da deren Fundament unbrauchbar geworden ist. Wenn Kathedralen noch so kunstvoll gestaltet sind, sie stehen unter Denkmalschutz und haben musealen Wert, wie ihre Kirche.

Evangelische Kirche

Martin Luther war ein hochintelligenter Theologe, redegewandt und überzeugend. Man kann gewisse Parallelen zu Jesus Christus entdecken. Jesus war Jude, sein Wirken hat er ausschließlich auf das jüdische Volk bezogen. Konkret ausgedrückt, er hat keine katholische Kirche gegründet. Martin Luther war katholischer Priester. Er war schockiert über die Zustände in Rom und deren üblen Praktiken der Geldeinnahme durch Ablassverkäufe zu Gunsten der Errichtung des Petersdomes in Rom.

Der Reformer wollte die katholische Kirche im positiven Sinne verändern. Die beinharte Ablehnung jeder Veränderung durch Rom wurde Anlass der Kirchenspaltung und Geburtsstunde der evangelischen Kirche. Mit verursacht wurde dadurch der 30-jährige Krieg, der zur Verwüstung von halb Mitteleuropa führte. Ein durch Glauben ausgelöstes Dilemma, das wir heute zwischen Schiiten und Sunniten beobachten können. Wo bleib da der wahre Sinn von Religion, wenn sie mehr zerstört und vernichtet als den Menschen nutzt?

Luthers Zorn, Unbeherrschtheit und grausame verbale Menschenbehandlung nahmen oft erschreckende Ausmaße an. Gerade jene Eigenschaften waren es, die ihm großen Einfluss auf das einfache Volk, aber auch bei den Herrschenden sicherte. Die Auslegungen und Ansichten des

Martin Luther sind wohl nicht mit einer christlichen Denkweise in Einklang zu bringen. Der Missbrauch des Glaubens für Einfluss und Macht erfährt auch hier ein demonstratives Musterbeispiel. Es ist erschütternd welches charakterliche Bild der Gründer der evangelischen Kirche hinterlässt. Seine flexible Transparenz zwischen Freiheit und dem Aufruf zum Töten nahmen satanische Züge an. Schwer nachvollziehbar, wie so etwas mit einem guten Gewissen vereinbar ist. Sie finden das Urteil maßlos überzogen?

Lesen Sie eine kleine Auswahl seiner Aussagen und Sprüche und Sie werden sich danach fragen „Wo verblieb die innere Stimme Martin Luthers?"

" dass man ihre Synagogen oder Schulen mit Feuer anstecke,. dass man auch ihre Häuser desgleichen zerbreche und zerstöre"

(M. Luther über die Juden - Weg mit ihnen! Hrsg.: Landesbischof Martin Sasse, Freiburg 1938, S. 9)

"Wenn ich Richter wäre, so wollte ich eine solche französische, giftige Hure rädern und ädern lassen."

(Ernste Vermahn- und Warnschrift Luthers an die Studenten zu Wittenberg, am 13.5.1543 öffentlich an der Kirche angeschlagen, Tomos 8, S. 172 - 172 b)

„Ich habe keine bessere Arznei als den Zorn. Denn wenn ich gut schreiben, beten und predigen will, dann muss ich zornig sein; da erfrischt sich mein ganz Geblüt, mein Verstand wird geschärft, und alle Anfechtungen weichen."

(Tischreden, Luther Deutsch, a.a.O., S 357)

"Wer ein Christ sein will, der steche seiner Vernunft die Augen aus."

(Martin Luther, Gesamtausgabe in 25 Bänden, herausgegeben von Johann G. Walch, Concordia Publishing House St. Louis 1880-1910, Band V, S. 452)

Genie und Wahn sind eng beisammen. Nach Verantwortung, Gewissen und Spiritualität darf hier nicht gesucht werden. Papst und Luther beide berufen sich auf Gott.

Obwohl die evangelische Kirche wesentlich menschlichere Züge und mehr Toleranz aufweist, siehe ihr Verhalten zu Frauen, denen auch das Bischofsamt nicht verwehrt ist, kein Kirchenoberhaupt installiert hat, sind sie in der Missachtung von Menschen, die nicht ihrer Religion angehören mit der katholischen Kirche auf ähnlicher Ebene.

Die Taufe ist das Sakrament der Aufnahme eines Menschen in die Gemeinschaft der Christen. Bei einer Evangelischen Taufe wird das Kind Mitglied der Evangelischen

Kirche. Zugleich feiern wir in der Taufe das bedingungslose JA Gottes zu diesem besonderen Menschen und bitten Gott um seinen Segen für ihn oder für sie. Auch hier erfolgt die Verpflichtung zur Mitgliedschaft, ohne Einverständnis der betroffenen Person. Da ich kein Sachkundiger der evangelischen Kirche bin, möchte ich dieses Kapitel mit dem Kommentar eines ausgetretenen Pastors abschließen.

Dieter Potzel – ein Pastor, der die evangelische Kirche verließ (aus www.Theologe.de).

Heute jedoch weiß ich, dass der Philosoph Karl Jaspers leider recht hat, wenn er erklärt: Der "biblisch fundierte Absolutheitsanspruch "der Kirchen" steht nach wie vor ständig auf dem Sprunge, von neuem die Scheiterhaufen für Ketzer zu entflammen" (Der philosophische Glaube, 9. Auflage, 1988, S. 73). Das Leben als Aussteiger und freier Mann ist also nicht ungefährlich, doch ich habe diese Entscheidung niemals bereut. Schon am Tag des Kirchenaustritts hatte ich ein so befreites Gefühl, als hätte ich eine zentnerschwere Last abgelegt. Und in allen den Jahren seither habe ich auf meinem nichtkirchlichen Weg zu Gott so viel Wertvolles erleben können, dass ich dafür froh und dankbar bin. Ich habe erfahren. Gott ist der Freie Geist, und dieser weht außerhalb der Kirche.

Islam

Natürlich gilt gleiches auch für andere Religionen, besonders dem Islam, der zweitgrößten Weltreligion. Nach jahrelanger Beschäftigung mit den Glaubensgrundlagen und der historischen Vergangenheit der katholischen Kirche, wollte ich mir auch Kenntnisse über den Islam aneignen. Das für mich unverständliche dieser Religionen, die eigentlich das friedvolle Zusammenleben der Menschen und Völker zum Ziel haben sollten, sind die kriegerischen Auseinandersetzungen innerhalb der eigenen Religion. Die Opfer und Verwüstungen, ausgelöst durch die Konflikte zwischen Schiiten und Sunniten, sind schockierend. Ist der Begriff Humanität in dieser Religion ein Fremdwort?

Zum Zweck Grundkenntnisse und einen Kurzüberblick über ihre Religion zu bekommen, habe ich mir die deutsche Ausgabe des Buches „Der Islam – innere Wirklichkeit und äußere Form" von Osman Nuri Topbas besorgt.

Daraus eine Teilwiedergabe des Kapitels „Handlungen, die das Glaubensbekenntnis beschädigen", Seite 155 – 156

Auf andere als auf Allah vertrauen

Allah der Erhabene sagt im heiligen Qur`an:

"Wahrlich, Allah hat euch schon an vielen Orten zum Sieg verholfen – und am Tage von Hunain machte eure große Zahl euch stolz – doch sie nutzte euch nichts. Und die Weite der Erde wurde euch zu eng – da wandtet ihr euch zur Flucht."

Das ist der Grund, warum der Diener sich an das Prinzip halten sollte: "Dir allein dienen wir und Dich allein bitten wir um Beistand".

Nichtbeachtung göttlicher Gebote und Verbote, um stattdessen den Wünschen des Egos zu folgen;

Dazu sagt Allah der All-Weise:

"Oh ihr Gläubigen, wenn ihr den Ungläubigen gehorcht, werden sie euch auf euren Fersen umkehren, und ihr werdet die Verlierer sein. Doch euer Beschützer ist Allah und Er ist der beste Helfer. Wir werden Schrecken in die Herzen der Ungläubigen werfen, weil sie Allah Gottheiten beigesellen, wozu Er keine Ermächtigung herab gesandt hat. Und ihre Wohnstätte wird das Feuer sein. Und wie üblich ist die Heimstatt der Frevler! Und wahrlich, Allah hat schon Sein Versprechen euch gegenüber gehalten, als ihr sie mit Seiner Erlaubnis vernichtet, bis ihr verzaget und über die Angelegenheit in Streit gerietet und ungehorsam wurdet, nachdem er Euch gezeigt hatte, was ihr begehrtet. Einige unter euch verlangten nach dieser Welt und

andere verlangten nach dem Jenseits. Alsdann kehrte Er euch von ihnen ab, um euch zu prüfen. Doch wahrlich, Er hat euch vergeben, denn Allah ist voll großer Gunst für die Gläubigen."

Als ich diese Texte las, war ich zu tiefst schockiert! Ich legte das Buch beiseite und habe jegliches Interesse verloren, weiter zu lesen.

Welcher Gott wurde da erfunden?

Das ist ja eine Kriegserklärung gegen Menschenrechte und Menschenwürde. Unter diesen Glaubensansichten soll jemals Frieden auf der Erde herrschen?

Hier ist Religion zum Gegenteil dessen gemacht worden, was der ursprüngliche Sinn von Religion sein sollte – ein friedvolles Zusammenleben aller Menschen auf Erden. Aus der Perspektive religiöser Ansichten dieser Art kann man sich selbst über den Konflikt Schiiten - Sunniten nicht mehr wundern.

In den islamischen Staaten ist Religion von den Herrschenden instrumentalisiert worden, um ihre politischen Vorstellungen erfolgreich durchzusetzen. Dieses patriarchalische Herrschaftssystem stürzt die Grundpfeiler einer

Religion, genannt Gerechtigkeit, Barmherzigkeit und Liebe, allein durch die Suren 4/34 und 5/38 in den Abgrund. Der Propheten Mohammed preist Gott Allah allweise, allmächtig und allwissend zu sein.

Wie man Aussagen dieser Art verstehen soll, wird mir wohl immer ein Rätsel bleiben. Alle Aktivitäten, die Humanität und Gerechtigkeit in Frage stellen, stehen im Widerspruch zu Sinn und Zweck einer Religion. Besonders schockiert hat mich, dass eine Frau den Koran nicht einmal anfassen darf! Was ist das für eine Religion? Warum wird diese Religion in einer Demokratie geduldet?

Beachtenswert ist die Biographie des Propheten Mohamed. Er hatte neun Frauen. Eine von ihnen hat er, als sie 9 Jahre alt war, geheiratet. Unser Rechtsstatus würde dies als Vergewaltigung und Kindesmissbrauch deklarieren. Eine hohe Anzahl kriegerischer Konflikte waren wesentlicher Lebensinhalt dieses Herrschers. Möge sich der Leser selbst ein Bild machen. Im Internet findet man hinreichende Lektüre über den Propheten.

Eine Beurteilung überlasse ich anderen, die über die erforderlichen Kenntnisse und Erfahrungen verfügen, wobei mir der Name „Hamed Abdel-Samad" einfällt.

Information in den öffentlichen Medien 28.09.2017

Tunis – *Die Jihadistengruppe "Islamischer Staat" (IS) hat eine angebliche Audiobotschaft ihres Anführers Abu Bakr al-Baghdadi veröffentlicht, in der dieser zu einer Fortsetzung des Kampfes trotz militärischer Rückschläge aufrufen soll. "Das wird die Kämpfer nicht vom Jihad abhalten", sagt ein Mann, bei dem es sich um den IS-Anführer handeln soll.*

Natürlich wird in dieser Botschaft auch zur Tötung der Ungläubigen aufgerufen. Solange Koranverse zur Rechtfertigung der Tötung anderer Menschen oder dem Schlagen einer Frau dienen, kann man für den Islam als Demokrat kein Verständnis aufbringen. Wann wird ihren Vertretern endlich klar, dass Glaubensgrundlagen dieser Art ein Verbrechen gegenüber der Menschheit und eine Provokation „Gottes" sind!

Theologie bringt Wissenschaft in Verruf

Theologie wird von der Kirche als höchste aller Wissenschaften bezeichnet, obwohl sie genug Beweise liefert, keine Wissenschaft zu sein! Dies veranlasste mich 2018 folgendes Schreiben an den Herrn Minister für Bildung, Wissenschaft und Forschung zu senden:

An das Ministerium für Bildung, Wissenschaft und Forschung
Wien, 07.01.2018

Sg. Herr Minister Univ. Prof. Dr. Heinz Faßmann

Einsparen wo es sinnvoll ist, investieren für die Zukunft!

Warum zahlt der Bürger für Legenden und Provokationen, die auf der Universität der Jugend als „Wissenschaft" verkauft wird?

Die Theologie wird als höchste aller Wissenschaften bezeichnet. Die Realität zeigt ein anderes Bild und es wäre angebracht diese, über Jahrhunderte akzeptierte Ansicht, einer sachlichen Prüfung zu unterziehen.

Dogmendefinition: Ein Dogma ist eine feststehende Definition oder Lehrmeinung, deren Wahrheitsanspruch als unumstößlich gilt, davon eine Kostprobe aus den 245 Dogmen.

Gott ist unendlich gerecht, barmherzig und die absolute wohlwollende Güte.

Die Seelen derer, die im Zustand der schweren Sünde sterben, gehen in die Hölle ein. Die Höllenstrafe dauert in alle Ewigkeit.

Natürlich könnten die Wiedersprüche von Dogmen und Glaubenssätzen über Seiten aufgezeigt werden. Aus "Grundriss der Dogmatik" von Ott:

„*Die Theologie überragt alle übrigen Wissenschaften durch die Erhabenheit ihres Gegenstandes, die höchste Gewissheit ihrer Erkenntnis, die sich auf das unfehlbare Wissen Gottes gründet*".

Diverse Dogmen und Lehrsätze widersprechen einander eklatant. Sie sind weder mit Logik noch Vernunft nachvollziehbar. Der Sinn dieser Glaubensvorgaben besteht in der Absicherung von Macht und Einfluss der katholischen Kirche.

In Österreich gibt es fünf theologische Fakultäten und vier Hochschulen der katholischen Kirche. Für die tierärztliche Ausbildung haben wir eine veterinärmedizinische Universität. Das Verhältnis von berufstätigen Tierärzten und aktiven Priester liegt ca. bei 2 : 1.

Wenn Sie derzeit keine Möglichkeit sehen diese „absurde Wissenschaft" zu eliminieren, dann konzentrieren Sie diese doch auf eine einzige Universität!

Wo bleiben Gewissen und Verantwortung, wenn im Rahmen des Religionsunterrichtes durch Legenden vom Paradies mit Adam und Eva die Frau als zweitrangiges, sündhaftes, verführerisches Wesen dem Mann untergeordnet dargestellt wird?

Wann wird endlich das Fach Religion eliminiert und durch das Fach Ethik ersetzt?

Für mich als Ökonom, Systemanalytiker und Politologe hat Theologie keinen Anspruch sich als Wissenschaft zu deklarieren und verursacht zum Schaden der Bürger nicht zu rechtfertigende Kosten sowie Aussagen ohne Wahrheitsgehalt und Nutzen.

Noch bedenklicher sind die Fakten der Religion Islam.

Es wird Zeit das Konkordat ernstlich in Frage zu stellen!

mit freundlichen Grüßen

Dr. Alfred Pirker

Im Fall Theologie von Wissenschaft zu sprechen ist sehr bedenklich, da sie keine „freie Wissenschaft" ist, sondern zur „befohlenen Wissenschaft" degradiert wurde. Sie ist somit keine „reale Wissenschaft".

Wenn die Kirche „ihre Lehre über Gott" verbietet zu hinterfragen, sollte sie auch die Ehrlichkeit besitzen und eingestehen, dass diese auf einer öffentlichen Universität nichts verloren hat! Doch dieses Wunder an Wahrhaftigkeit wird vom Konzern Vatikan und ihren Vertretern wohl kaum zu erwarten sein. Mit der Degradierung ihrer Lehre sehen sie auch ihre Glaubwürdigkeit bedroht. Schließlich handelt es sich dabei um eine Institution, die sich als höchste moralische Instanz verkauft.

In Wahrheit belügt und betrügt sie die Menschen seit Jahrhunderten zu ihrem Vorteil. Wie rechtfertigen sich die politischen Verantwortlichen, wenn zur objektiven Prüfung eines Sachverhaltes Kriterien wie Vernunft und Logik nicht angewendet werden dürfen?

Es ist sehr traurig diese tragische Komödie auf Kosten der Steuerzahler mit ansehen zu müssen. Korrekterweise sollte man als Bürger die Möglichkeit haben dieses Faktum bei der Staatsanwaltschaft zur Anzeige zu bringen. Doch würde dies, allein durch das Konkordat, wohl nur als schlechter Witz interpretiert werden!

Im 19. und 20. Jahrhundert gab es eine Reihe von Theologen (Modernismus), die sich sachlich und kritisch mit der Lehre der Kirche auseinandersetzten. Dieser Personenkreis hat versucht die Kirche, mit historischen Argumenten und menschlicher Vernunft, auf eine neue Ebene zu stellen.

Natürlich hat die Amtskirche entsprechend reagiert und der Chance die Kirche glaubwürdiger zu machen, einen Riegel vorgeschoben. Die Erkenntnisse dieser Gruppe wurden vom Papst Pius IX. verurteilt. Als Krönung dieses päpstlichen Größenwahns darf wohl das im Jahre 1870 vom gleichen Papst verkündete Dogma von der päpstlichen „Unfehlbarkeit in Glaubensfragen" angesehen werden.

Der Kapitalfehler der Religionen ist ihre Präsentation der alles Wissenden. Irrtum ausgeschlossen, da es sich um göttliche Wahrheit handelt. Aus Machtstreben wird bewusst Denken auf Vernunftebene und angemessene Reaktion auf historische Erkenntnisse verweigert. Durch ihre Dogmen hat die Kirche selbst eine Korrektur ihrer falschen Entscheidungen unmöglich gemacht! Religion unterbindet jeden Zweifel, absolute Gläubigkeit ist alles.

Damit verbunden ist die Klassifizierung der Menschen in Gläubige und Nichtgläubige, wodurch von katholischer Seite die Zweiklassengesellschaft deklariert wird. Man könnte diese Teilung, boshaft formuliert, auch als Trennung der Menschen in Gläubige und Denkende auffassen

Universitätsgesetz 2002 5. Unterabschnitt

Sonderbestimmungen für die Katholische Theologie

§ 38. (1) Die Universitäten, deren Wirkungsbereich sich auch auf Studien der Katholischen Theologie erstreckt, haben bei der Gestaltung ihrer inneren Organisation und der Studienvorschriften sowie bei der Sicherstellung des Lehr- und Forschungsbetriebs das Konkordat zwischen dem Heiligen Stuhle und der Republik Österreich, BGBl. II Nr. 2/1934, zu beachten. Die Verpflichtung zur Einholung der Zustimmung gemäß Art. V § 3 und zu einer allfälligen Enthebung von der Ausübung der Lehrbefugnis gemäß Art. V § 4 obliegt der Rektorin oder dem Rektor.

Der Dalai Lama zu Besuch bei Anton Zeilinger

Sein Ersuchen: *wenn ihr Naturwissenschaftler etwas findet, das unserer Lehre widerspricht werden wir unsere Lehre ändern!*

Seine „Heiligkeit" schafft Vernunft ab

Von Papst Pius IX. wurden 1864 folgende Glaubenssätze verurteilt, somit abgeschafft.
Quelle: Der Glaube der Kirche in den Urkunden der Lehrverkündigung, Neuner Ross, 13. Auflage, ab Seite 42

Die menschliche Vernunft entscheidet aus sich ohne Rücksicht auf Gott, über wahr und falsch, Gut oder Böse. Sie ist sich selbst Gesetz und genügt mit ihren natürlichen Kräften für das Glück der Menschen und der Völker.

Alle Wahrheiten der Religion leiten sich aus dem natürlichen Vermögen der menschlichen Vernunft ab. Sie ist also der erste Maßstab, nach dem der Mensch alle Wahrheiten in jeder Ordnung erkennen kann und muss.

Die göttliche Offenbarung ist unvollständig und daher einem steten unbegrenzten Fortschritt unterworfen, der dem Fortschritt menschlicher Vernunft entsprechen muss.

Die menschliche Vernunft steht mit der Religion auf einer Stufe. Die theologischen Fächer müssen daher genauso behandelt werden wie die philosophischen.

Alle christlichen Glaubenssätze sind ohne jeden Unterschied Gegenstand des natürlichen Wissens oder der Philosophie. Wenn die menschliche Vernunft in rein geschichtlicher Entwicklung gebildet ist, kann sie aus ihren natürlichen Kräften und Grundsätzen zu einem wahren Verstehen aller, auch der geheimnisvolleren

Glaubenssätze gelangen. Bedingung ist einzig, dass ihr die Glaubenssätze als Gegenstand gegeben werden. Es ist beachtlich, welchen Stellenwert der menschlichen Vernunft eingeräumt wurde.

Einblick in den Machtbereich seiner „Heiligkeit" möge das 1870 verkündete Dogma der päpstlichen Unfehlbarkeit in Glaubensfragen geben. Alleine durch die Zementierung der Dogmen als unwiderrufliche göttliche Wahrheiten haben sie sich jegliche Möglichkeit einer Korrektur und Anpassung an neuen Erkenntnissen vergeben und ihre Lehre in den Status der ewig währenden Gültigkeit erhoben.

Unkorrigierbarkeit wird von der Neurowissenschaft im engen Konnex mit Wahn in Verbindung gebracht, was man in diesem Falle auch als Größenwahn bezeichnen kann. Diese seit Jahrhunderten erfolgreich praktizierte Kirchendiktatur wird bis heute widerspruchslos zur Kenntnis genommen. Der Staat finanziert die theologischen Fakultäten an den Universitäten und den Religionsunterricht in den Schulen!

Die Definition der Unfehlbarkeit des Papstes in Glaubensfragen, verkündet am 18. Juli 1870 unter Papst Pius IX., lautet:

Zur Ehre Gottes, unseres Heilands, zur Erhöhung der katholischen Religion, zum Heil der christlichen Völker lehren und erklären wir endgültig als von Gott geoffenbarten Glaubenssatz, in treuem Anschluss an die vom Anfang des christlichen Glaubens her erhaltene Überlieferung, unter Zustimmung des heiligen Konzils:

Wenn der römische Papst in höchster Lehrgewalt (=ex cathedra) spricht, das heißt: wenn er seines Amtes als Hirt und Lehrer aller Christen waltend in höchster apostolischer Amtsgewalt endgültig entscheidet, eine Lehre über Glauben oder Sitten sei von der ganzen Kirche festzuhalten, so besitzt er auf Grund des göttlichen Beistandes, der ihm im heiligen Petrus verheißen ist, jene Unfehlbarkeit, mit der der göttliche Erlöser seine Kirche bei endgültigen Entscheidungen in Glaubens- und Sittenlehren ausgerüstet haben wollte. Diese endgültigen Entscheidungen des römischen Papstes sind daher aus sich und nicht aufgrund der Zustimmung der Kirche unabänderlich.

Einmal verkündete Dogmen sind für die Kirche unwiderruflich und dürfen nicht bezweifelt werden. Ein Musterbeispiel dafür liefert das jüngste Dogma von der leiblichen Aufnahme Marias in den Himmel, verkündet am 1. November 1950 durch Papst Pius XII. Es verdankt seine Existenz dem Dogma der Unfehlbarkeit des Papstes in Glaubensfragen. Nur durch die Berufung auf seine Unfehlbarkeit konnte der Papst seine göttliche Inspiration, man kann es auch eine persönliche Wahnvorstellung nennen, gegen die Meinung des Kardinalskollegiums folgenden Inhalts durchsetzen:

Wir verkünden, erklären und definieren es als ein von Gott geoffenbartes Dogma, dass die unbefleckt, allzeit jungfräuliche Gottesmutter Maria nach Ablauf ihres irdischen Lebens mit Leib und Seele in die himmlische Herrlichkeit aufgenommen wurde.

Damit wird die persönliche Ansicht des Papstes als „göttliche Wahrheit" deklariert. Ein weiterer Effekt ist die Akzeptanz des Willens seiner Heiligkeit beim gläubigen Volk auf diktatorische Art ohne Widerspruchsmöglichkeit durchzusetzen.
 Wenn ein Papst offiziell seine Meinung verkündet, ist diese Ansicht unveränderbares Faktum für alle und darf nicht weiter hinterfragt werden.

Katechismus der Katholischen Kirche (1997)
III Gotteserkenntnis nach der Lehre der Kirche

36 *„Die heilige Mutter Kirche hält fest und lehrt, dass Gott, der Ursprung und das Ziel aller Dinge, mit dem natürlichen Licht der menschlichen Vernunft aus den geschaffenen Dingen gewiss erkannt werden kann"* (1. Vatikanisches K.: DS 3004) [Vgl. DS 3026; DV 6.].

Gesteht mit dieser Feststellung die Kirche nicht ein, dass für das Wahrnehmen und Erkennen der Existenz Gottes menschliche Vernunft ausreicht, Gott näher zu kommen?

Im Gegensatz zu den Religionsvertretern ist uns bewusst, dass wir Suchende nach neuen Erkenntnissen sind. Möge

Gott daher all jenen Menschen, die der Willkür einer diktatorischen Kirche überdrüssig, mit aufrechtem Willen bemüht sind einen eigenen Weg zu suchen, ihre Mühe anerkennen und deren Sehnen nach Gerechtigkeit und Wahrheit mit Güte und Barmherzigkeit begegnen.

Jeder Mensch ist für sich selbst verantwortlich. Es liegt im Interesse jeder Person zu achten, sich von den bedenklichen Vorgaben der Kirche zu deren Nutzen nicht beherrschen zu lassen. Die Amtskirche wird zur Kenntnis nehmen müssen, dass wir uns im digitalen Zeitalter nicht wie Analphabeten von ihr behandeln lassen.

Konkordat – mit Demokratie unvereinbar

Das Konkordat von 1855 mit Franz Joseph I. sicherte der katholische Kirche maßgebenden Einfluss auf Unterricht und Eheschließungen. Nach der Verkündigung des päpstlichen Unfehlbarkeitsdogmas im Jahr 1870 wurde vom Kaiser Franz Josef noch im selben Jahr der Vertrag gekündigt.

Deutschland und Österreich unterhalten bedauerlicherweise wieder, man kann es auch einen Knebelungsvertrag nennen, einen zwischenstaatlichen Vertrag namens Konkordat. In Österreich wurde er am 5. Juni 1933 unter Engelbert Dollfuss und Papst Pius XII. abgeschlossen.

Österreich war ab dem 5. März 1933 keine Demokratie, sondern eine Diktatur der klerikalen Faschisten. Diese Vereinbarungen wurden durch die Bundesgesetze Nr. 195/1960, 196/1960, 273/1962, 227/1964 und 417/1968 geändert.

In Deutschland wurde am 20. Juli 1933 das Reichskonkordat zwischen dem Heiligen Stuhl und dem Deutschen Reich geschlossen, der als Staatskirchenvertrag bezeichnet wird. Darin wurde völkerrechtlich das Verhältnis zwischen dem Deutschen Reich und der römisch-katholischen Kirche geregelt.

Das Konkordat mit Österreich beinhaltet eine Reihe von Zusagen, wie zum Beispiel, dass der Staat der Kirche neben der „freien und öffentlichen Ausübung des Kultus" auch „die freie Ausübung ihrer geistlichen Macht " garantiert oder dass der Kirche das Recht eingeräumt wird, „im Rahmen ihrer Zuständigkeit Gesetze, Dekrete und Anordnungen zu erlassen". Das Kirchenrecht oder kanonische Recht, außerhalb des staatlichen Rechtes, ist in vielen Fragen entscheidend.

Dies widerspricht meiner Meinung der bürgerlichen Rechtsordnung, weil dadurch Teile der Gesellschaft in rechtlichen Belangen für „exterritorial" erklärt werden.

Der Kirche wird eine sehr bedenkliche „öffentlich-rechtliche Stellung" eingeräumt, zum Nachteil ihrer Bediensteten. Diese haben keinen Anspruch auf Rechtsbeistand und unterliegen bei „arbeitsrechtlichen Verfahren", wie bei offen bekannten Beziehungen zum weiblichen Partner, der Willkür der Arbeitgeberinstitution Amtskirche, die ihr Urteil auf Basis des staatlich anerkannten Kirchenrechtes durchführt.

Die Kirche darf die Kinder in den staatlichen Schulen in Religion unterrichten und der Staat bezahlt diesen Unterricht.

Der Staat bezahlt außerdem die katholischen Privatschulen, die theologischen Universitäten, sowie die kirchliche Denkmalpflege.

Der Staat hilft der Kirche bei der Eintreibung der Kirchenbeiträge, indem er persönliche Daten von Staatsbürgern zur Verfügung stellt.

Der Staat zahlt jährlich Millionen an die katholische Kirche als "Wiedergutmachung" für während der NS-Zeit eingezogenen Kirchenbesitz. Ob dieser Besitz auf rechtmäßige Weise zustande kam, danach fragt kaum jemand.

Den Volltext des Konkordates finden sie am Ende unter Anhang -- Konkordat.

Kirchenvermögen – ein legaler Besitz?

Die Kirche hat über Jahrhunderte ihr Vermögen in Ländereien, Immobilien, wertvollen Kunstwerken und Kapital angelegt. Sehr viel ist in die Errichtung von prunkvollen Sakralbauten und Residenzen geflossen, natürlich zur Ehre Gottes. Bezeichnet man diese Bauten als Prestigeobjekte ihrer hochrangigen Vertreter, wird man damit nicht falsch liegen. Die Eskapaden im Kirchenbau haben wenig Göttliches in sich, da sie vorwiegend zu Lasten der arbeitenden Menschen und Missbrauch ihrer Gläubigkeit vollzogen wurden.

Humanität war in diesen Zeiten ein wenig bekannter Begriff, der für Fürsterzbischöfe und andere Purpurträger in der Regel ein Fremdwort war. Diese Bauten werden auch eine Last in Zukunft sein. Ein hoher Anteil steht unter Denkmalschutz, der erhalten und gepflegt werden muss. Dombauhütten nennen sich diese Institutionen auch heute, die mit der Restaurierung und Erhaltung beauftragt sind. Die Kirche wird gemeinsam mit ihren Prestigebauten und Glaubensinhalten sukzessive zu einem musealen Objekt. Der Nachteil für die Bürger – beide stehen unter Denkmalschutz.

Die Erhaltung der Bauten macht einen Sinn, wenn diese im Rahmen der Kulturpflege auch für andere Zwecke verwendet werden. In Wert- und Kapitalanlagen der Kirche wird der Öffentlichkeit der Einblick verweigert. Zudem bezieht sie vom Staat Entschädigungszahlungen für Enteignungen im 19. Jahrhundert, deren Rechtmäßigkeit nicht unbedenklich ist. Vollkommen ignoriert wird, ob die Besitzanreicherung überhaupt als legal bezeichnet werden kann. Doch nicht nur in der Vergangenheit, auch heute noch genießen sie ein oft sehr vornehmes Leben. Außer ihre Ansprüche werden zu extravagant, wie es in Limburg geschah.

Focus online (10.10.2013): *31 Millionen Euro verschlingt der Protzbau des Limburger Bischofs Tebartz-van Elst. Hinzu kommen ein Erste-Klasse-Flug nach Indien und ein autoritärer Führungsstil. Priester und kirchliche Verbände sind entsetzt – sie müssen oft mit knappen Kassen auskommen. Ein Amtssitz, der die Menschen fassungslos zurücklässt. Für 31 Millionen Euro ließ Bischof Franz-Peter Tebartz-van Elst seine Residenz in Limburg umbauen. Nicht nur bei Laien in der Stadt stößt das auf Unverständnis. Auch die Mitarbeiter der Diözese sind wütend. Denn die Arbeit, die sie verrichten, ist von Spenden abhängig. Geld, so scheint es, gibt es nur für den Prunkbau. Überall sonst muss gespart werden.*

Analysiert man die bis heute erfolgreich gepflogene Vorgangsweise, wird man unweigerlich auf das Verkaufsobjekt „Sündenvergabe - Himmel" stoßen. Dazu eignet sich das Sakrament der letzten Ölung ausgezeichnet und wird bis heute mit Erfolg eingesetzt. Es ist beachtlich, dass bezüglich der Vermögensvermehrung dieser Art in der Fachliteratur keine konkreten Angaben zu finden sind. Von kirchlicher Seite eine Selbstverständlichkeit, da es dem Beichtgeheimnis untersteht.

Der ehemalige Dekan der theologischen Fakultät Wien, Hubertus Minarek, gibt das Vermögen an Liegenschaften und Immobilien allein in Rom mit rund 60 % und für Italien mit 22 % an (siehe Schlusswort -- Video). Stimmen seine Angaben mit der Realität überein, gehört bereits mehr als die Hälfte der Stadt Rom der Kirche! Es ist schwer vorstellbar welches Vermögen dadurch in wenigen Händen sich befindet. Somit ist es nicht verwunderlich, wenn die Maffia in diesem Land beheimatet ist. Sie hat doch die Kirche seit Jahrhunderten zum Vorbild.

Man kann diese Handlungsweise aus neutraler Betrachtung schlicht als Betrug an der Menschheit bezeichnen.

Es wäre daher vom Obersten Gerichtshof klären zu lassen, wer der wahre Eigentümer ist. Die Kirche oder die betrogenen Bürger, somit der Staat?

Religionen gefährden Demokratie

Die Anerkennung einer Religion ist Angelegenheit des Staates. Doch nimmt er diese Pflicht auch ernst? Mit Sicherheit nicht, sondern wie üblich opportunistisch und kirchenfreundlich. Wie wäre es ansonsten möglich, einer Kirche die staatliche Anerkennung zu gewähren, die gleichzeitig all jenen Staatsbürgern, die nicht ihre Mitglieder sind, mit der ewigen Hölle und Verdammnis droht? Das Hauptproblem vieler Religionen liegt in ihrer Intoleranz gegen über Andersgläubigen und Nichtgläubigen. Ein hoher Anteil kriegerischer Konflikte hat religiöse Meinungsunterschiede als deren Auslöser.

Religion wird von Regierungen und Herrschern für ihre Machtinteressen missbraucht. Resultate dieser Art sind der „heilige Krieg" der „Gottesstaat" und eine beachtliche Zahl anderer Differenzen. Nicht zu ignorieren sind die kriegerischen Aktivitäten der USA im Nahen Osten, wo Öl und Machteinfluss das Kriterium für ihre Begehrlichkeiten sind. Sowohl der Kriegsverursacher G.W. Busch, der mit der Lüge „Massenvernichtungswaffen" den Irakkrieg begründet hat sowie Präsident Trump, beide betonen ihre christliche Gesinnung. Das Absurde an Religionen, die eigentlich das friedvolle Zusammenleben der Menschen und Völker zum Ziel haben sollten, ist die Verachtung all jener, die nicht ihren Glauben teilen.

Dieses Verhalten wird von einer Demokratie sanktioniert in Form der Anerkennung? Eine äußerst bedenkliche Entscheidung.

Die Nichteinmischung des Staates in kirchliche Angelegenheiten hat dort aufzuhören, wo Menschenrechte durch eine Religion verwehrt oder infrage gestellt werden. Der Zölibat, eine religiös nicht begründbare Vorgabe der römisch katholischen Kirche, hat schon einer beachtenswerten Anzahl von Personen menschliches Leid und Existenzprobleme gebracht. Konvertieren jedoch verheiratete Priester einer anderen Religion zur katholischen Kirche, spielt dieses Faktum schon aus Konkurrenzgründen keine Rolle.

Kirchenrecht bedeutet, der Amtskirche ausgeliefert sein! Rechtlich stellt die katholische Kirche einen Staat im Staate dar. Sie führt für die Bediensteten der Kirche eigene Gerichtsverfahren nach Kirchenrecht durch. Von Objektivität und Neutralität kann dabei wohl keine Rede sein. Die Amtskirche hat auf Basis des Konkordates in unserem demokratischen Staat ihren eigenen Rechtsstaat, gegen den sich kein angeklagter Staatsbürger wehren kann.

Für mich ein klarer Verstoß gegen die Menschenrechte, der nach Korrektur ruft. Der Vatikan ist nicht nur ein religiöses Zentrum, sondern auch ein souveräner Staat. Kirchenbedienstete sind, ohne der Möglichkeit eines Rechtsbeistandes in Form eines Anwalts, ihrer Institution voll ausgeliefert, was wie folgt definiert ist:

Die Kirche beansprucht aus eigenem und ausschließlichem Recht, d.h. unter Ausschluss jeder anderen irdischen Gewalt, die Zuständigkeit in allen Streitsachen (can. 1401 Codex Juris Canonici).

Probleme gibt es auch bei anderen Religionsgemeinschaften. Wenn von muslimischen Religionslehrern die Demokratie in Frage gestellt wird, oder es den muslimischen Frauen nicht gestattet ist, Andersgläubige zu ehelichen. Es wäre daher ratsam, vor der Verleihung der Staatsbürgerschaft, von Männern die Anerkennung der Gleichstellung der Frauen unterfertigen zu lassen. Eine Religion anzuerkennen, bei der Frau und Mann nicht gleiche Rechte haben, sollte im 21. Jahrhundert in einem demokratischen Staat nicht möglich sein.

Gezielte Islamisierung darf nicht unterschätzt werden. Der Integrationsfonds hat 16 Wiener Moscheevereine unter die Lupe nehmen lassen, um deren Rolle im Integrationsprozess zu untersuchen. Fazit: Mehr als ein Drittel wirkt aktiv gegen die Integration der Muslime in die Gesellschaft. Durchgeführt hat die Untersuchung der Historiker und Islamexperte Heiko Heinisch im Auftrag des Österreichischen Integrationsfonds, berichtete das Ö1-Morgenjournal am Montag den 2.10.2017. Dazu nahmen theologisch geschulte Beobachter mehrmals an den Freitagspredigten teil und werteten die Kernaussagen der Imame aus. Natürlich sind ähnliche Bestrebungen in Kindergärten und Schulen nicht zu tolerieren.

ORF 11. Europäischer Mediengipfel in Lech 4. Dez. 2017

Die Frauenrechtlerin und liberale Muslimin Seyran Ates spricht sich für die Schließung von Moscheen aus, in denen radikales islamistisches Gedankengut verbreitet wird. Solche Moscheen zu erlauben habe nichts mit Toleranz zu tun, sondern mit Ignoranz.

„Ginge es nach mir, hätte ich schon sehr viele Moscheen geschlossen", sagte Ates beim 11. Mediengipfel in Lech am Arlberg. Die Veranstaltung steht heuer unter dem Generalthema „Die neue Welt(un)ordnung - Auswege aus der Überforderung der Eliten". Bei Ates' Auftritt in Lech herrschten strenge Sicherheitsmaßnahmen. Gleich mehrere Personenschützer bewachten die bekannte Frauenrechtlerin auf Schritt und Tritt. Die Rechtsanwältin, die seit vielen Jahren in Deutschland lebt und die liberale Ibn-Rushd-Goethe-Moschee in Berlin mitgründete, war in der Vergangenheit bereits Opfer eines Schussattentats und erhielt immer wieder Morddrohungen von radikalen Muslimen. Viele Moscheen entsprechen laut Ates einfach nicht der Verfassung. Geschlechtertrennung und das Diskriminieren von Andersgläubigen und Homosexuellen habe nichts mit Religionsfreiheit zu tun. „Das sind Angriffe auf die Demokratie, unsere Werte und Gesellschaft. Und das gehört unterbunden."

Die Anerkennung einer Kirche ist mit der Nichtverletzung der Menschenrechte zu koppeln. Doch wie ist die Moral einer Kirche auszulegen, wenn die, ach so friedliebende Institution Vatikan, bis heute die UN-Menschenrechtkonventionen nicht ratifiziert hat?

Besondere Aufmerksamkeit ist auch der erzkonservativen Kirche der Evangelikalen zu widmen. Ihr Einfluss ist besonders in Amerika nicht zu unterschätzen. Sie kann im demokratischen Sinne ein Gefahrenpotential in sich bergen. Natürlich findet deren Verbreitung auch in der EU statt.

http://www.faz.net/aktuell/politik/trumps-praesidentschaft/jerusalem-entscheidung-us-evangelikale-sind-begeistert-15328958.html (10.12.2017)

Bei konservativen christlichen Stammwählern der Republikaner ist Präsident Trumps Anerkennung von Jerusalem als Hauptstadt Israels mit Beifall empfangen worden. Evangelikale seien begeistert, versicherte Fernsehpredigerin Paula White, Vorsitzende von Donald Trumps „Evangelikalem Beraterrat". Für Christen sei „Israel ein heiliges Land", und Trump habe sein Wahlversprechen zu Jerusalem eingehalten, „ganz gleich wie laut die Stimmen der Skeptiker und Kritiker" seien.

Amerikas Außenpolitik in Bezug auf Israel decke sich nun mit „der biblischen Wahrheit", dass Jerusalem die „ewige und unteilbare Hauptstadt des jüdischen Staates" sei, lobte der Präsident des konservativen „Family Research Council", Tony Perkins. Der Vorsitzende der „Koalition für Glauben und Freiheit", Ralph Reed, begrüßte den geplanten Umzug der amerikanischen Botschaft nach Jerusalem zu einer Zeit, in der „Israels Feinde" nicht einmal diplomatische Beziehungen zu Israel hätten.

Vielen Evangelikalen in den Vereinigten Staaten ist Israels Sicherheit ein großes Anliegen. Die Entstehung des Landes sei von Gott gewollt, erläuterte der baptistische Fernsehprediger Pat Robertson jüngst in einer Ansprache. Für evangelikale Christen sei „die Heilige Stadt Jerusalem unsere spirituelle Hauptstadt" und das „Heilige Land zusätzliche Demonstration, dass der Gott der Bibel existiert".

Zwei begnadete Personen des letzten Jahrhunderts

Eine Kirche hat zwei Seiten, jene der Amtskirche und die andere die ihr dienenden Personen. Unter diesen waren im geschichtlichen Verlauf immer wieder besondere Menschen zu finden. Zwei davon möchte ich stellvertretend auch für andere vorstellen, die Ungewöhnliches in ihrem Lebensverlauf erlebt und praktiziert haben. Man muss unterscheiden zwischen einem tiefgläubigen Menschen, der zum Wohle und Nutzen aus Nächstenliebe gehandelt hat und das was manche Religionsvertreter, Päpste, Kardinäle und andere Obrigkeiten mit dem Faktum Religion gemacht haben.

Pater Pio (1887 – 1968) trat nach der Schule als Novize in den Kapuzinerorden ein und war an Tuberkulose erkrankt. Im Jahre 1910 wurde er zum Priester geweiht. Während seines Militärdienstes hatte er gesundheitliche Probleme, wurde für dienstuntauglich erklärt und entlassen. Jahre später traten seine Stigmata auf und Pater Pio bekam zunehmend Probleme mit der kirchlichen Obrigkeit. Als Beichtvater und Heiler wurde er bekannt, der selbst von Ärzten als unheilbar erklärte Personen in der Lage war zu heilen. Pater Pio besaß auch die besondere Fähigkeit der Bilokation. Darunter versteht man die gleichzeitige Anwesenheit an zwei verschiedenen Orten. Pater Pio wurde von Rom zum Hausarrest verurteilt. Plötzlich erschien er vor dem Papst, der eine Kommission um sich hatte mit einem Bittgesuch. Weder die Türwache der Schweizer Garde, noch sonst jemand hatte ihn kommen gesehen. Ein Kardinal fuhr sofort in das Kloster von Pater Pio um eine Kontrolle vorzunehmen. Umso überraschter war er, als ihm der Klostervorsteher und seine Mitbrüder bestätigten, dass Pater Pio zu dieser Zeit mit den anderen Patres im Kloster an der gemeinsamen Gebetsstunde teilgenommen hat. Eine Anzahl von sogenannten Wunderheilungen prägten sein weiteres Leben, was ihn zu einer Berühmtheit werden ließen. Seine Kenntnisse über geheim gehaltenes brachte so manche Personen in Verlegenheit. Gegenüber einer Tageszeitung äußerte er sich bezüglich der Kommerzialisierung seiner Person „Jesus Christus vertrieb die Händler aus dem Tempel, aber ich muss jetzt feststellen, dass sie zurückgekehrt sind." Im Jahr 1999 wurde er selig und 2002 heiliggesprochen. Er ist heute wohl der beliebteste und bekannteste Heilige Italiens.

Theres Neumann von Konnersreuth (1898 – 1962) Sie war eine einfache Bauernmagd. Nach den Löscharbeiten eines Scheunenbrandes traten schwerwiegende gesundheitliche Probleme auf, die zur Erblindung und jahrelanger Bettlägerigkeit führten. Am Tag der Seligsprechung ihrer Namenskollegin 1923 (Therese von Lisieux) konnte sie wieder sehen, am Tag deren Heiligsprechung 1925 verschwandten auch ihre Lähmungserscheinungen. Diese katholische Mystikerin, versehen mit den Stigmata wie Pater Pio, blutete aus den Stigmata und Augen besonders stark an Karfreitagen, wobei sie gleichzeitig biblische Szenen wahrzunehmen vermochte.

Von besonderer Bedeutung war ihre absolute, jahrelange Nahrungslosigkeit. Ab 1926 nahm sie, außer der erteilten Kommunion, weder Wasser noch Nahrung zu sich. Das Regime der Nationalsozialisten wollte diesem Spuk ein Ende bereiten. Nach 29 Tagen streng bewachten Spitalsaufenthaltes hat man aufgegeben und Theres wieder nach

Hause geschickt. Tausende Menschen hatten über Jahre das Bedürfnis, besonders an den Karfreitagen, Theres zu besuchen. Zu ihrem Grab pilgern seit 1962 nach wie vor Gläubige, die von ihrem Leben beeindruckt sind.

Über beide Personen gibt es entsprechende Literatur und auch Videos auf youtube. Betrachtet man den Lebensverlauf der beiden Personen, kommt einem der Ausspruch „in jedem Menschen ist ein göttlicher Funke" in den Sinn. Trotz der vielen Schwierigkeiten und Leiden sind sie einen ungewöhnlichen Weg gegangen. Dieser war begleitet von großen gesundheitlichen Problemen. sowie ungewöhnlichen Ereignissen und Fähigkeiten, die schwer erklärbar sind und als außergewöhnlicher Zustand bezeichnet werden können. Anders formuliert kann man es auch als Bewusstseinsebene der besonderen Art ansehen, geprägt vom Willen und der persönlichen Opferbereitschaft der Person.

Begnadete Personen der besonderen Art sind nicht an eine Religion gebunden. Sie findet man auch bei Naturvölkern und anderen Glaubensrichtungen. Wichtig ist, das Besondere daran zu erkennen zum Wohle dem Nächsten, der Allgemeinheit und Umwelt zu dienen.

 Dies ergibt Fragen über Fragen, deren Beantwortung wir auf unserer derzeitigen Erkenntnisebene nicht nachvollziehen können. Damit verbunden sind gegebene Fakten, die wir auf Basis der naturwissenschaftlichen Forschung alleine nicht ergründen können. Vermutlich liegen wir damit um eine Ebene zu tief. Möge jeder selbst sich seine persönlichen Gedanken machen und was den Glauben angeht, Schlüsse für sein eigenes Leben ziehen.

Atheismus

Atheismus ist eine Einstellung, die den Glauben an eine Fortexistenz nach dem Tod und Gott ablehnt. Dies bezieht sich in Europa überwiegend auf das Christentum, den Islam und die jüdische Religion. Dabei sei darauf hingewiesen, dass die jüdische Religion Missionierung ablehnt. Würden andere Religionen sich gleich verhalten, gebe es viele Probleme nicht.

An Stelle des Glaubens pflegen atheistische Vereinigungen humanitäres Verhalten, was einen sehr positiven Kern in sich hat. Aus analytischer Sicht ergibt sich ein gewisser Widerspruch. Dieser liegt darin begründet, dass atheistische Überzeugung eine geistige Existenz nach dem körperlichen Tod auszuschließt. Unter diesen Bedingungen steht die Pflege einer humanitären Einstellung in einem gewissen Widerspruch, da ein Streben nach möglichst optimalem Lebensgenuss zum Wohle des eigenen Egos zu erwarten wäre. Was bewegt also Atheisten zu ihrer humanitären Gesinnung? Gesellschaftlich betrachtet sind es in der Regel Personen, die nicht blindlings dem Herdentrieb folgen, sondern ihrer eigenen Meinung Vorrang geben und sich gezielter Manipulation widersetzen.

Fakten, die aus atheistischer Sicht schwer zu beurteilen sind.

Im Widerspruch zum Atheismus stehen die Erfahrungen von Personen, die mit der besonderen Eigenschaft der Hellsichtigkeit ausgestattet sind. Das sind Menschen, die über Kontaktmöglichkeiten zu Seelen bzw. Verstorbenen beherrschen. Sie verfügen über die Fähigkeit glaubwürdige Informationen über Personen zu vermitteln, die verstorben sind, diese jedoch nie gekannt haben.

Dieser Zustand der geistigen Kommunikation mit Verstorbenen lässt den Schluss zu, dass „Geist -- Bewusstsein" dieser Person aktiv und ansprechbar ist. Literatur und Videos auf youtube bieten entsprechende Informationsmöglichkeiten. Eine kritische Betrachtung ist eine Selbstverständlichkeit, da ein gezieltes Vortäuschen dieser Fähigkeit von mancher Person praktiziert wurde und wird.

Ein weiteres Phänomen ist die mediale Informationsübermittlung, Channeling genannt. Darunter versteht man das Übermitteln von Informationen aus der geistigen Welt. Das Medium stellt sich auf die mediale Übertragung ein, wobei es sich für diesen Dienst in einem Trance Zustand befindet. Mediale Personen besitzen die außergewöhnliche Fähigkeit die zum Überbringen von Informationen „aus der anderen Welt" benutzt werden zu können. Das Medium selbst erinnert sich nach der Übermittlung an keinerlei Informationsinhalte. Kein alltägliches Faktum, doch eine seit Jahren geübte Praxis und Tatsache. Über dieses Phänomen gibt es hinreichende Literatur und glaubwürdige Dokumentationen.

Reinkarnation ist Glaubensbestandteil des Buddhismus. Auch das frühe Christentum glaubte an die Reinkarnation. Dieser Glaube wurde später von der katholischen Kirche eliminiert, da er mit ihrer Lehre von der Wiederauferstehung am jüngsten Tag nicht in Einklang steht. Unter Reinkarnation ist das wiederholte auf die Welt kommen verstorbener Personen aus geistiger Sicht her zu verstehen. Sinn der Reinkarnation soll die Höherentwicklung des Geistes oder Seele sein, die durch vorhergegangene Leben durch fehlerhaftes Verhalten belastet wurde.

Auch soll es Reinkarnationen von Personen geben, die es als Pflicht ansehen zur Verbesserung des Weltgeschehens wieder auf die Erde zu kommen. Im Buddhismus glaubt man an die Reinkarnation der Dalai Lamas, die letzte somit 14. durch Tenzin Gyatso. Sehr beachtenswert ist der Dokumentarfilm über seine Auffindung und Prüfung als junger Bub.

Einer der bekanntesten Forscher auf diesem Gebiet war Ian Stevenson, der seine Erfahrungen in seinem Buch „Reinkarnation der Mensch im Wandel von Tod und Wiedergeburt" dokumentierte. Eine Reihe weiterer Untersuchungen, ausgeführt von Universitätsprofessor/Innen, haben seine wissenschaftlichen Ergebnisse bestätigt. Anbei die Kurzfassung signifikanter Kriterien der Untersuchungen: (www.reinkarnation.de)

- *Es handelt sich um Naturbeobachtung durch empirische Feldforschung, nicht Esoterik.*
- *Fünf beteiligte Forscher sind/waren Hochschulprofessoren.*
- *Sie kommen zu untereinander vergleichbaren Ergebnissen.*
- *Die Sorgfalt in der Untersuchungstechnik wird auch von den meisten Kritikern anerkannt.*
- *Material und Methoden sind offen gelegt.*
- *Es gibt eine wissenschaftliche Diskussion in Fachpublikationen.*
- *Es gibt keine kommerziellen Interessen.*
- *Die Arbeit ist unabhängig von Religionen, Kirchen oder Sekten.*
- *Die Zahl der dokumentierten und gelösten Fälle ist groß genug, um das Phänomen beurteilen zu können.*
- *Man findet Fälle weltweit in allen Kulturen, in denen gesucht wurde. Sie sind kulturell unterschiedlich „gefärbt".*

- *Die Merkmale der Fälle sind über Jahrzehnte hinweg gleichartig.*
- *Die Phänomene müssen daher als real anerkannt werden.*

Somit sind wir bei einem Punkt angelangt, der einen naturwissenschaftlichen Nachweis nicht ermöglicht, jedoch die Erkenntnis schafft, dass der Ausschluss einer „geistigen Ebene" keine zukunftsorientierte Forschung gewährleistet.

Das ergibt die berechtigten Fragen:

Ermöglichen unsere derzeitigen wissenschaftlichen Methoden überhaupt den Nachweis einer geistigen Fortexistenz?

Gibt es Gott, den wir besser als „universellen Geist" deklarieren?

Befindet sich die geistige Fortexistenz (Seele) des Menschen, was man auch als endloses Bewusstsein bezeichnen kann, auf einer anderen Ebene oder Dimension?

Überzeugung ohne Mitgliedschaft

Diese Menschen gehören keiner Religionsgemeinschaft an, sind jedoch keine Atheisten. Sie sind von der geistigen Fortexistenz überzeugt und haben sich ihre eigene Meinung gebildet.

Durch die Geburt wird man üblicherweise je nach Kontinent und Land mit der dort dominierenden Religion beglückt, was man als Zufall oder auch Schicksal bezeichnen kann. Die Verabschiedung von der angeborenen Religion kann man auch als persönliche Befreiung von der Diktatur Kirche bezeichnen. Ein Schritt, der in einer aufgeklärten Gesellschaft immer stärker zum Tragen kommt. Der Mensch wird in einer Demokratie, abhängig vom Alter, zum mündigen Bürger erklärt. Es wäre wünschenswert, wenn diese Erklärung zum mündigen Bürger in Bezug auf Religion auch statt fände. Möge doch jeder Mensch das glauben, wovon er persönlich überzeugt ist und was seinem Leben einen Sinn gibt.

Religionen sollen Werte vermitteln. Diese sind der gesellschaftlichen Entwicklung und den daraus gegebenen Anforderungen anzupassen. Allein dieses Faktum bringt das Kriterium Religion in eine bedenkliche Schieflage und erfordert Konsequenzen. Dies setzt voraus, dass die Kindestaufe untersagt wird und der Bürger, frei von Zwangsmitgliedschaft, als mündige Person selbst die Entscheidung trifft. Religionsunterricht ist in öffentlichen Schulen durch das Fach Ethik zu ersetzen. Das dafür geeignete Lehrpersonal darf jedoch nicht durch jenes für Religion ersetzt werden, was einer formalen Umbenennung des gewohnten Religionsunterrichtes gleich käme. In den höheren Schulstufen ist auf Besonderheiten der einzelnen Religionen und deren historische Entwicklung einzugehen. Ziel ist es eine möglichst objektive Darstellung der Inhalte und den damit verbundenen kritischen Fakten der betrachteten Lehre zu präsentieren. Aufklärung über Religionen ist ein notwendiger Schritt, um dem Fundamentalismus und Fanatismus aktiv entgegenzuwirken.

Menschen ohne konfessionelle Bindung, die aus persönlicher Überzeugung ihren Weg gehen, sind Anhänger einer eigenen Wertevorstellung. Sie haben ihre persönliche Ansicht von „Gott oder Geist" und dem Sinn des Lebens entwickelt ohne Priester und Kirche. Sie sind Suchende nach neuen Erkenntnissen. Suchen steht im Konnex mit Fragen. Fragen bilden das Fundament des Suchens.

Das ist der entscheidende Punkt zu herkömmlichen Religionen. Diese präsentieren ihr nicht zeitgemäßes Programm, wo nicht gestattet wird zu hinterfragen, geschweige zu kritisieren. Ein über Jahrhunderte praktiziertes Schema, das in Konfrontation mit einer aufgeklärten, gebildeten Gesellschaft steht. Wir sind Träger unserer Empfindungen und Wahrnehmungen, die persönliche Entscheidungen auslösen und hoffen lassen, den richtigen Weg des Lebens zu gehen. Dogmen widersprechen Vernunft und Logik. Unser Wissensdrang nach neuen Erkenntnissen und der daraus selbständigen Entscheidungsfindung ist als Weg in eine höhere Bewusstseinsebene zu sehen.

Unsterblichkeit muss nicht ewige Existenz ohne Ende bedeuten, sondern kann auch als Fortentwicklung des geistigen Zustandes in einer anderen Dimension empfunden werden. Können wir überhaupt feststellen, was real ist und was nicht? Wir werden Suchende und immer wieder Fragende sein, solange wir Erdbewohner sind. Ein Kontrastprogramm zu den Vorgaben der Kirche, die für immer gültig und unveränderbar sind.

 Es ist schlicht erschütternd, was unter dem Begriff „Gott" in Form von Religion der Menschheit alles angepriesen und zugemutet wird. Möge „Gott" ihnen ihre Einfältigkeit verzeihen.

Eine Religion ohne Gott ist auch der Buddhismus, der somit im atheistischen Sinne eine nicht erwartete breite Palette in seiner Glaubensvorstellung präsentiert. Ob nun dem Streben nach einer höheren Bewusstseinsqualität in Kombination mit dem Kriterium Gott oder ohne Gott erfolgt, bleibt jedermann selbst überlassen. Leben ist Veränderung, ob im positiven oder negativen Sinn, liegt an der Entscheidungsqualität der Person.

Für den agnostischen Theisten ist Gott an sich etwas, das der Mensch niemals vollkommen fassen kann, er existiert nur in Vergleichen, Analogien und natürlich dem Glauben. Das volle Ausmaß Gottes und seines Werkes wird niemals menschlich erfahrbar sein und kann daher gar nicht konkret erfragt werden, weshalb beispielsweise auch Fragen, warum Gott Menschen sterben lässt, nur die Unfähigkeit, Gottes Gesamtwerk zu verstehen, unterstreichen. Für den agnostischen Theisten ist Gott wahr, aber seine Eigenschaften, Hintergründe und Gestalt nicht für den Menschen fassbar (www.daswissensblog.de/agnostiker).

Voraussetzungen zur Anerkennung einer Religion

Die Anerkennung einer Religion ist Angelegenheit des Staates. Doch nimmt er diese Pflicht auch ernst? Mit Sicherheit nicht, sondern wie üblich opportunistisch und wählerfreundlich. Wie wäre es ansonsten möglich, einer Kirche die staatliche Anerkennung zu gewähren, die Bürgern, die nicht ihre Mitglieder sind, mit der ewigen Hölle und Verdammnis droht?

Die Nichteinmischung des Staates in kirchliche Angelegenheiten hat aufzuhören, wenn Menschenrechte und Menschenwürde durch Religion infrage gestellt wird. Der

Zölibat, ein nicht so sehr religiös eher finanziell begründbares Faktum, hat schon einer beachtenswerten Anzahl von Personen menschliches Leid und Existenzprobleme verursacht. Ebenso wenig einsehbar ist die berufliche Diskriminierung der Frau. Welche Achtung die Kirche für Frauen erübrigt, erkennt man in der Untersagung von Abtreibungen, wenn Frauen durch Vergewaltigung oder Inzest geschwängert wurden. Wie eine derart menschenverachtende Haltung, ausgerechnet jenen gegenüber, die Verständnis, Hilfe und Zuneigung brauchen, zu rechtfertigen ist, wird vom Prinzipienverein Vatikan auf seine Art der geheuchelten Moral beantwortet.

Eine entsprechende Stellungnahme zum Islam würde vermutlich umfassender sein, dies überlasse ich gerne fachkundigen Personen.

Religion ist Privatsache

Das bedeutet Trennung von Staat und Religion auf allen Ebenen, somit die Abschaffung aller kirchlichen und religiös begründeten rechtlichen Sonderregelungen. Die Einstellung jeder direkten und indirekten Förderung der Kirchen. Jedoch Kontrolle ihrer Aktivitäten im Sinne der Korrektheit gegenüber den Menschen und der Verträglichkeit zu einer demokratischen Regierungsform.

Diese Forderungen sind nicht auf anerkannte Kirchen und Religionsgemeinschaften zu beschränken, sondern gelten auch für alle Sekten und ähnlichen Gruppierungen. Es darf keine negative Bewertung von Nichtmitgliedern erlaubt sein. Der Austritt einer Person aus einer Kirche oder Sekte darf keine negativen Handlungen gegenüber der Person seitens der Institution bewirken. Besonders bedenkliche Gemeinschaften wie die Scientology Sekte und andere sind unter staatliche Beobachtung zu stellen. Wobei ein Verbot derartiger Organisationen, allein aus humanitären Gründen, durchaus vertretbar wäre.

Die Person entscheidet

Die Kindestaufe in Kombination mit automatischer Mitgliedschaft gleicht einer geistigen Vergewaltigung und ist mit Demokratie nicht vereinbar. Die Person selbst entscheidet im mündigen Alter über seine Mitgliedschaft bei einer Religionsgemeinschaft.

Siehe Neuner-Ross „Der Glaube der Kirche", Seite 409: *Die Taufe ist die erste Rechtfertigung. Aber die erste Rechtfertigung ist eben der erste Eintritt in das Reich der Übernatur, der ganz ausschließlich von Gottes Gnaden bewirkt ist und vom Täufling nichts fordert als die Abkehr von der Sünde und die gläubige Hinkehr zu Christus.*

Gleichberechtigung von Frau und Mann

Die Gleichberechtigung von Frau und Mann ist eine Selbstverständlichkeit. Dies durchzusetzen ist bei der Weltreligion Islam für eine Demokratie eine besondere Herausforderung. Bei der Vergabe der Staatsbürgerschaft ist per Vertrag die Akzeptanz dieser Forderung abzusichern. Imame, die dies missachten und demokratisches Verhalten kritisieren, sind mit Berufsverbot zu bestrafen. Sind sie nicht EU- Bürger, ist die Abschiebung in ihr Herkunftsland zu veranlassen.

Ethik statt Religionsunterricht

Die Grundfragen der Ethik lauten: „Was sollen wir tun?", „Wie sollen wir handeln?" Ständig müssen wir diese Fragen für uns beantworten, ohne dass uns letztlich jemand die Entscheidung abnehmen kann. Sie setzt voraus, dass wir uns zwischen verschiedenen Möglichkeiten des Handelns entscheiden können, d.h. dass wir frei sind.
Wo die Frage „Was sollen wir tun?" den Bereich Gut und Böse tangiert, wird sie zur ethischen und moralischen Frage.
Jeder Mensch hat ein Gewissen, das ihm sagt, was zu tun ist. Ob eine Handlung positiv oder negativ zu bewerten ist, hängt von der Qualität der Entscheidung ab, diese setzt besonders im Wirtschaftsbereich entsprechende Kenntnis-

se voraus. Korrektes Handeln kann wegen der Vielfalt der Gesichtspunkte auch sehr kompliziert werden. Weisheit, Klugheit und Einsicht sind Hauptkomponenten für tugendhafte und gerechte Entscheidungen.

Ein wichtiger Grund Religion durch Ethik zu ersetzen liegt in der Bedenklichkeit der Religionslehren. *Die verpflichtende Einführung eines Ethikunterrichtes wird von höchster kirchlicher Stelle (derStandard.at 22.12.2017) ausdrücklich gelobt, da dies zugleich eine Garantie für die Fortführung des konfessionellen Religionsunterrichtes darstelle.* Genau das sollte verhindert werden.

Die Kirchenvertretung hält sich mit Sicherheit befugt auch noch im Fach Ethik seine Religionslehrer/innen einsetzen und mitmischen zu können. Längst als falsch erkannte Ansichten zu lehren und als Glaubenspotential zu verteidigen, steht im Widerspruch einer auf Vernunft und Gerechtigkeit ausgerichteten Demokratie. Kinder in der Schule diesem Lügenpotential auszusetzen, ist mit Verantwortung unvereinbar!

Es ist im derzeitigen Lernprozess der Jugend schlicht ein getarntes Verfahren, um die Menschen auf die Schiene der Macht- und Einflussebene der Kirche zu bringen. Mit zunehmender Lebenserfahrung erkennen sie das Täuschungsmanöver und wenden sich ab oder betrachten diese Handlungen als jahreszeitliche Brauchtumspflege. Diesen per Staatsvertrag (Österreich – Vatikan) abgesicherten Zustand mit Steuergeldern zu finanzieren, ist mit Demokratie schwer vereinbar.

Karol Wojtyla meldet sich aus dem Jenseits

Magarete Kinny, ein Schreibmedium, hat von Karol Wojtyla eine Nachricht empfangen mit der Bitte, diese zu veröffentlichen, was am 01.10.2013 erfolgte.

Guten Abend meine Freunde. Gerade haben meine Brüder im Herrn beschlossen mich selig zu sprechen. Ich habe so etwas auf Erden ja auch gemacht. Ich muss euch sagen, dass das nicht richtig ist. Menschen die verstorben sind, mit Ehren zu deklarieren ist absolute Dummheit. Ich weiß jetzt, dass im katholischen Glauben vieles falsch erklärt wird. Der Papst ist nicht der Stellvertreter von Petrus. Die Hierarchie in der Kirche muss abgebaut werden.

Wir sind alle Gotteskinder und keiner ist besser oder schlechter vor Gott. Das was Jesus meinte, dient einander ist genauso gemeint. Dienen heißt, sich seinem Nächsten in Demut nähern und nicht den Nächsten in Demut nähern lassen. Ich sehe heute, dass vieles in der Kirche mit Hochmut und Macht durchzogen ist. Ich habe als Papst versucht demütig zu bleiben. Doch ich hatte nicht genug Kraft mich gegen die Meinung, dass die Priester, Bischöfe, Kardinäle usw. besser vor Gott stehen als die Gläubigen. Auch war ich zu engstirnig, was die Arbeit der Frauen in der Kirche angeht.

Es ist absolut falsch die Frauen auszuschließen vom Priesteramt. Wobei ich ja jetzt sehe, dass die Menschen gar keine Priester brauchen. Sie sind Gott und können jederzeit mit dem Vater sprechen. Auch Jesus ist immer für alle im Gebet zu erreichen. Eigentlich wird das, was Jesus uns vermittelt hat in der katholischen Kirche nicht gelebt. Ich würde heute mit meinen jetzigen Überblick alle Macht abbauen. Die Gehälter, die Roben und den ganzen Luxus der mächtigen Kirchenfürsten abbauen. Dieses Geld könnte man dann wirklich Armen zur Selbsthilfe überlassen, mit Anleitung der beherzten Helfer.

An meine Kollegen möchte ich die Bitte richten, lasst alle Macht, Hochmut und Lüge fallen, werdet demütig. Seht in jedem euren Bruder eure Schwester. Nehmt Jesus Worte wörtlich, werdet wie die Kinder. Öffnet euer Herz für neue Wahrheiten.

Viele Menschen haben mit der geistigen Welt Kontakt. Lasst euch von ihnen Wahrheiten übermitteln und nehmt sie an. Dann ist auch ein Wandel in der Kirche möglich. Nicht die Gesetze sind wichtig, sondern die Liebe die untereinander gelebt wird. Auch sollte man die Sexualität als etwas Gottgewolltes annehmen. Mann und Frau gehören zusammen. Auch sollte man nie urteilen und von Schuld reden. Das erschwert das eigene Leben und das der anderen. Ja wie ihr seht hab ich auf Erden vieles anders gemacht als ich es euch sage. Von hier aus sieht man klar. Alles was ist, ist Gott. So ist es. Alles liebe und Gottes Segen.

Wojtyla Karol

» Wer richtig urteilen will, muss vollständig ablassen können von jeder Glaubensgewohnheit, die er von Kindheit an in sich aufgenommen. Die allgemeine Meinung ist nicht immer die wahrste. «
(Giordano Bruno)

Neue Erkenntnisse verlangen Korrektur

Forscher der Quantenphysik vertreten die Ansicht, dass „intelligenter Geist" Voraussetzung für Materie ist. Die Erdenbürger sind vor allem dem Sichtbaren ergeben. Das Unsichtbare beansprucht jedoch den wesentlich größeren Anteil des Universums. Somit entzieht sich ein nicht abschätzbarer Teil der Wahrnehmbarkeit unserer Sinne. Die wahre Realität ist somit in ihrer Dimension eine hypothetische Größe.

Neue Erkenntnisse der Wissenschaften vergrößern das Potential neuer Fragen. Wir sind Suchende nach Ursache und Fakten. Jeder Schritt an Forschungserfolgen verändert auch für die von uns erkennbare Realität. In Konsequenz eine Aufforderung diesen Weg der permanenten Veränderung des temporären Wissensstandes fortzusetzen. Ein Zustand der sich zum perpetuum mobile entwickelt.

Konträr zu den weltlichen Wissenschaften verhält sich die katholische Amtskirche, der Islam mit eingeschlossen. Neue Erkenntnisse und historische Beeinflussung ihrer Theorien werden mittels Berufung auf unveränderliche Glaubensgrundlagen ignoriert. Ihre Überzeugung und Überheblichkeit kommt in den Texten der katholischen Lehrbücher, zitiert aus „Grundriss der Dogmatik" von Ludwig Ott, voll zum Ausdruck.

„Die Theologie überragt alle übrigen Wissenschaften durch die höchste Gewissheit ihrer Erkenntnis, die sich auf das unfehlbare Wissen Gottes gründet". Damit haben sie sich selbst das geistige „Hamsterrad" geschaffen, das in der Vergangenheit und leider auch heute noch erfolgreich ihren Machtbegierden dient.

Wie Unbeweglich und Uneinsichtig die Präsentanten des Vatikans sind, zeigt der Fall Galileo Galilei. Dreizehn Jahre hat die päpstliche Kommission gebraucht, um 1992 den im Jahre 1633 von der vatikanischen Justiz verurteilt Gelehrten Galilei zu rehabilitieren. Er hatte gelehrt, dass die Erde sich um die Sonne dreht. Was im Gegensatz zur kirchlichen Ansicht, die Erde sei das Zentrum des Universums um die sich die Sonne dreht, stand.

Unter solchen Voraussetzungen mit Vertretern einer Religion über längst erforderliche Veränderungen zu diskutieren, hat geringe Erfolgsaussichten. Sie haben sich durch

eigene Vorgaben fixiert und zur Unbeweglichkeit und
Uneinsichtigkeit verurteilt.

Es wäre höchste Zeit die Menschen von den Fesseln dieser
Religion zu befreien, die ihnen die Kirche in ihrer Macht-
begierde erfolgreich über Jahrhunderte bis heute auferlegt

. Bedauerlicherweise sehen Demokratien zum Nachteil der
Bürger und des Staates noch immer keinen Handlungsbe-
darf. Dieser Zustand ist wahrlich eine Schande für die politischen Entscheidungsträger und deren Institutionen.

Existenz nach dem Leben?

Aufgabe von Religionen sollte sein, Unterstützung für ein
moralisches Leben zu geben, um nach ihrem Erdenleben
eine wohlwollende Fortexistenz im Jenseits, dem Himmel,
zu sichern. Natürlich sind die Vertreter einer Religion, von
welcher auch immer, überzeugt, dass ihr Weg der einzig
richtige ist. Dies führte im Laufe der Geschichte zu einer
Unzahl verschiedener Religionen und deren Abspaltungen.
Ein Grund dafür ist die starke Abnahme der Glaubwürdigkeit bestehender Religionen. Wichtig ist, ohne sich ver-
einnahmen zu lassen, selbst den Weg für ein sinnvolles
Leben und Vorstellung einer Existenz danach zu finden.

Zu diesem Zweck ist das Informieren über neue Erkenntnisse empfehlenswert. In den letzten Jahrzehnten hat sich ein Tor geöffnet, das uns neue Erfahrungen und Perspektiven im Grenzbereich zwischen Leben und Tod, den sogenannten Nahtoderfahrungen gewährt. Darunter versteht man den Zeitbereich ab dem Herzstillstand bis zum Wiedereintritt des Lebens durch Reanimation. Natürlich hat es diese Phänomene auch schon früher gegeben, doch wurde ihnen wenig Beachtung geschenkt.

Nicht zu unterschätzen ist auch die große Hemmschwelle der betroffenen Personen darüber zu reden, besteht doch das Risiko nicht ernst genommen oder gar für verrückt gehalten zu werden. Heute gibt es über dieses Phänomen einen hohen Wissensstand, der in Büchern und Videos dokumentiert ist.

Einblick in die andere Dimension wird von einer Person präsentiert, die im Teamwork mit 10 Spitälern ein Forschungsprojekt der Besonderheit durchgezogen hat. Gestatten Sie mir diese Person vorzustellen.

Pim van Lommel, geboren 1943, war als Kardiologe in leitender Position tätig. Die jahrelangen beruflichen Erlebnisse bewirkten eine gravierende Veränderung seiner Ansicht. Seit 1986 untersucht er Nahtoderfahrungen aus wissenschaftlicher Sicht. Zehn Spitäler beteiligten sich an dem Projekt. Er ist Mitbegründer der niederländischen Sektion der International Association for Naer-Death Studien. Die medizinischen Fakten bezüglich Nahtoderfahrung hat er in seinem Buch „Endloses Bewusstsein" dokumentiert, dessen Inhalt auch als Kurzfassung in Form eines Vortrages von ihm auf youtube zu hören ist.

Kurz zwei besonders beachtenswerte Feststellungen des Kardiologen Pim van Lommel im Rahmen seiner Herzoperationen bei vollkommenem Stillstand des Gehirns, somit der Denkfähigkeit des Patienten. Blinde waren in der Lage nach dem Nahtoderlebnis genaue Details der Operation zu schildern, die sie sehen konnten. Taube haben Gespräche während der Operation inhaltlich wiedergeben. Seine persönlichen Erkenntnisse: Bewusstsein ist im Hirn nicht zu finden.

Das bedeutet – **der Mensch hat ein nicht lokales Bewusstsein unabhängig von seinem Körper.** Er legt damit das Fundament einer neuen Betrachtungsweise.

Kommentar Pim van Lommel: *Noch immer gibt es mehr Fragen als Antworten. Doch angesichts all der geschilderten Bewusstseinserfahrungen sollten wir ernsthaft die Möglichkeit in Erwägung ziehen, dass der Tod ebenso wie die Geburt nur einen Übergang in einen anderen Bewusstseinszustand darstellt. Die fast zwangsläufige Schlussfolgerung, dass das nichtlokale Bewusstsein nach dem physi-*

schen Tod in einer anderen Dimension, einer immateriellen Welt, fortbesteht, in der Vergangenheit, Gegenwart und Zukunft geschlossen liegen, verändert unsere Sicht auf den Tod. Wenn unser Körper endgültig tot ist, stehen wir mit diesem endlosen Bewusstsein in Verbindung oder sind, besser gesagt, zu einem Teil von ihm geworden.

Erkenntnisse dieser Art haben auch im Vatikan ihre Spuren hinterlassen. Im „Osservatore Romano" Nr.: 45 vom 6.11.1998 dt. Ausgabe findet sich folgender Kommentar über die Nahtoderfahrungen:

Man darf allerdings nicht glauben, dass das Leben nach dem Tod erst mit der endzeitlichen Auferstehung beginnt. Dieser geht in der Tat jener spezieller Zustand voraus, in dem sich jeder Mensch vom Augenblick des Todes an befindet. Es handelt sich um eine Übergangsphase, bei welcher der Auflösung des Leibes die Fortdauer und Subsistenz eines geistigen Elementes gegenübersteht, das mit Bewusstsein und Willen ausgestattet ist, so dass das „Ich des Menschen" weiterbesteht, wobei es freilich in der Zwischenzeit seiner vollen Körperlichkeit entbehrt.

Das war ein schwergefallenes Eingeständnis der Kirche, da sie die ständig mehrenden Berichte und Informationen auf Dauer nicht mehr ignorieren kann. Die fortwährende geistige Existenz lässt sich auch mit der Formulierung einer „endzeitlichen Auferstehung des physischen Körpers" nicht einschränken, sondern hat nach dem derzeitigen Wissensstand eine hohe Wahrscheinlichkeit. Der Abschied von der körperlichen Auferstehung fällt der Kirche schwer und darf dogmatisch auch nicht vollzogen werden. Ihre Sammlung an unglaubwürdigen Behauptungen (Dogmen – Glaubenssätze) würde den Einsturz ihres über Jahrhunderte gepflegten Kartenhauses beschleunigen.

Besondere Erkenntnisse in der Vergangenheit, auch hier möchte ich mich auf eine Person beschränken, hatte im 18. Jahrhundert **Emanuel Swedenborg** erworben. Emanuel Swedenborg (1688 – 1772) war Wissenschaftler, Forscher und Theosoph. Er hatte die begnadete Fähigkeit Religion, in einer für diese Zeit ungewohnten Perspektive, verständlich zu machen. Seine zahlreichen wissenschaftlichen Schriften verfasste er ausschließlich in Latein. Eines seiner bekanntesten Bücher war „Das christliche Totenbuch – Himmel und Hölle". Die Wiedergabe von auserwählten Texten bieten Einblicke in seine Erkenntnisse.

So konnte ich mich über Himmel und Hölle informieren, damit der Mensch der Kirche nicht länger in seinem irri-

gen Glauben verharre, was die Auferstehung zur Zeit des letzten Gerichts und den Zwischenzustand der Seele bis dahin betrifft, ebenso wie hinsichtlich der Engel und des Teufels. Denn dieser Glaube enthält Finsternis, weil er der Glaube an etwas Falsches ist, und er bewirkt bei denen, die aus ihrem eigenen Verstand darüber nachdenken, zuerst Zweifel und schließlich Leugnung. Menschen, die nicht im Bilde sind über den Himmel und den Weg dahin und wie das Leben des Himmels beim Menschen aussieht, sind der Meinung, die Aufnahme in den Himmel erfolge durch bloße Barmherzigkeit. Wer so etwas glaube, zeigt damit jedoch nur, dass er nichts vom Menschen versteht.

Solange diese Dinge unbekannt sind, kann der Mensch zu dem Glauben verleitet werden, das ewige Heil sei nichts als das Ergebnis göttlicher Willkür, Barmherzigkeit und Gnade genannt. Nach dem Tod wird bei keinem Menschen mehr das Leben in grundlegender Weise mehr verändert werden und ein böses Leben unmöglich in ein gutes oder ein höllisches in ein engelhaftes umgewandelt werden. Und das deshalb, weil der Geist von Kopf bis Fuß so ist wie seine Liebe, folglich wie sein Leben – dieses in sein Gegenteil zu verkehren würde bedeuten, den Geist gänzlich zu vernichten. Das sittliche und bürgerliche Dasein ist nämlich der tätige Teil des geistigen Lebens, besteht doch das geistige Leben im guten Wollen und das sittliche und bürgerliche im guten Handeln. Der Herr wirft niemanden in die Hölle, sondern der Geist sich selbst.

Allein man sollte wissen, dass der Mensch nicht durch sein Äußeres Mensch ist, sondern weil er das Wahre einsehe und das Gute wollen kann; dies ist das Geistige und Himmlische, das den Menschen ausmacht. Außerdem ist wohl bekannt, dass jeder Mensch durch die Beschaffenheit seines Verstandes und Willens bestimmt wird und sein irdischer Leib dazu gebildet ist, dem Willen und Verstand in der Welt zu dienen und in der untersten Sphäre der Natur Nutzen zu schaffen, in Harmonie mit ihr.

Aus diesem geistigen Sinn des Wortes stammt daher die reine Lehre der Kirche, die etwas ganz anders lehrt, nämlich dass Gott niemals sein Antlitz vom Menschen abwendet oder ihn von sich stößt, dass er niemanden in die Hölle wirft und ihm zürnt. Am schlimmsten sind vor allem diejenigen, die aus ihrer Selbstliebe heraus dem Bösen anhängen und dabei innerlich hinterlistige Absichten verfolgten. Hinterlist dringt nämlich besonders tief in Gedanken und Absichten ein, vergiftet sie und zerstört alles geistige Leben des Menschen.

Emanuel Swedenborg war eine ungewöhnliche Forscherpersönlichkeit. Nehmen Sie sich 30 Minuten Zeit zum

Ansehen und Anhören des Videos seiner Lebensgeschichte auf youtube. Seine Erkenntnisse stehen in keinem Widerspruch zum natürlichen Hausverstand oder logischen Empfinden eines Menschen. Ein Faktum das man in der Religionslehre der katholischen Kirche vergeblich sucht.

allgemeine Grundsätze anderer Religionen.

Es ist die Regel der Natur: das, was wir säen, werden wir ernten.
Buddhismus

Was von dir ausgeht, wird zu dir zurückkehren.
Konfuzianismus

Du kannst nicht einbringen, was du nicht säst.
So, wie du den Baum pflanzt, wird er auch wachsen
Hinduismus

Was der Mensch sät, wird er ernten.
Wenn er Unruhe sät, wird Unruhe seine Ernte sein.
Wenn ein Mensch Gift sät, kann er keine Ambrosia erwarten.
Sikhismus

„macht euch die Erde untertan" (Gen. 1.28)

Was früher für kirchliche und weltliche Fürsten galt, wird heute von der Diktatur des Kapitals umso perfekter ausgeführt. Lobbyismus nennt man diese Tätigkeit von Interessensgruppen, Konzernen, Firmen, Vertretungen und auch Staaten. Sie bemühen sich gesetzliche Regelungen und politische Entscheidungen zu ihrem Vorteil zu beeinflussen. Die Varianten der Einflussnahme sind vielfältig, jedoch nicht immer erkennbar und nachweisbar. Kapital, Privilegien und Begünstigungen verschiedenster Varianten spielen dabei eine entscheidende Rolle, wobei auf Moral und Recht wenig geachtet wird.

Das Wichtigste ist die Durchsetzung wirtschaftlicher und politischer Ziele, ohne Rücksicht auf verursachte Schäden und Langzeitfolgen. Dieser Einfluss zieht sich durch alle Stufen der politischen Entscheidungsebenen bis hin zu weltumspannenden internationalen Vereinbarungen. Die Steigerung von Umsatz und Gewinn steht oft in direktem Zusammenhang mit erfolgreicher Aktivität der Lobbyisten. So manche Durchsetzung geht auf Kosten der Qualität des Produktes, die bis zur Bedenklichkeit und zum Schaden der Konsumenten ausartet. Der Einbau von technischen Teilen mit vorgegebener Zeitlimitierung zum Zweck der Umsatzsteigerung, ist leider eine altbewährte Tatsache.

Äußerst bedenklich ist diese Aktivität im Rahmen der Arzneimittelindustrie. Gezielt veränderte Toleranzwerte erhöhen Umsatz und die negativen Konsequenzen, verursacht durch Nebenwirkungen. Ökonomische Zusammenarbeit mit der Ärzteschaft perfektioniert das System. Die Beeinflussung geht soweit, dass selbst staatliche Prüfinstitute erwünschte Ergebnisse zu liefern genötigt wurden. Eine Verminderung der Produktqualität und Überkonsum zum Schaden von Mensch, Tier, Natur und Umwelt ist nach besten Möglichkeiten zu verhindern. Alleine das Produkt Zucker, das in vielen Lebensmittelbeschreibungen durch andere Titel mengenmäßig getarnt wird, hat besorgniserregende Wirkung in der Wohlstandsgesellschaft.

Die schrankenlose Öffnung des Marktes ist vor allem das Bestreben einer skrupellosen Diktatur des Kapitals, ohne Rücksicht auf Humanität, Ökologie, Umwelt und den sich daraus ergebenden Konsequenzen (Amerika First – ist das aktuelle Beispiel). Der Ausbeutung von Mensch und Natur werden dadurch die Tore geöffnet, ohne Rücksichtnahme auf die negativen Folgen, die in vielen Fällen nicht mehr reparabel sind.

Die Kombination Kapital und technologischer Fortschritt, ohne umfassende Kontrolle, ist eine gezielte Kriegsführung mit nicht-militärischen Mitteln. Diese Art von Fortschritt, was auch als Dekadenz der Verantwortung bezeichnet werden kann, begünstigt vor allem jene, die rücksichtslos das Prinzip der Kapitaloptimierung als oberstes Ziel im Auge haben. Diese Art von Ökonomie hat sich bedauerlicherweise besonders im Westen durchgesetzt, dessen politisches Schwergewicht die Diktatur des Mammons ist. Daraus hat sich aus dem früheren Bauernhof die Massentierhaltung und großflächige Monokulturwirtschaft entwickelt, mit all seinen negativen Folgewirkungen. Auf der menschlichen Seite erfolgt die Auslagerung der Arbeit in Billiglohnländer, was man als kapitalistische Sklavenhaltung bezeichnen kann.

Machtmissbrauch unter dem Deckmantel „demokratischer Entscheidungen" zum Schaden der gesamten Welt, wobei der Manipulation der Meinungen keine Schranken gesetzt sind, ist ein weit praktiziertes Übel unserer Zeit. In sehr vielen Fällen ist eine objektive Beurteilung der gegebenen Situation schwer möglich. Fehlinformationen und Verschweigen von Fakten, sowie deren Verharmlosung werden gezielt zur Erreichung von ökonomischen und politischen Zielen eingesetzt.

Die Manipulation der Menschen ist heute in wirtschaftlicher, politischer, gesellschaftlicher Hinsicht, die Religion nicht ausgenommen, leider zum Alltag geworden.

Veränderung empfehlenswert

In Deutschland und anderen Ländern gibt es humanistische Vereinigungen, deren Mitglieder keine Untertanen einer Kirche sind. Ihr Streben ist es einer humanistischen Lebensweise hohe Priorität zukommen zu lassen. Der Humanistische Verband Deutschlands (HVD) gehört zu diesen. Ein Verein zur Förderung einer weltlich-humanistischen Weltanschauung und zur Interessenvertretung von konfessionslosen Menschen. Eine ähnliche Vereinigung ist die Giordano-Bruno-Stiftung (GBS), die sich für die Förderung des evolutionären Humanismus einsetzt. Vereine dieser Art sehen sich verpflichtet auf die Probleme mit Religionen und Sekten aufmerksam zu machen. Bewirkt werden soll die Distanzierung von Religion, wobei der Austritt aus der Religionsgemeinschaft befürwortet wird. Über Jahrhunderte herrschen die Kirchen erfolgreich über die Menschen.

Basis dafür ist die Vorgabe bedenklicher oder konkret ausgedrückt diktatorischer Glaubensvorgaben. Strikte Trennung von Kirche und Staat ist das Ziel der humanistischen Vereinigungen. Rationale, logische Denkweise auf Basis der Naturwissenschaften ist ihr Fundament. Der Tod des Menschen ist für sie das absolute Ende.

Forschungen in diesem Bereich sind auf einer anderen Ebene durchzuführen. Eine strikte Diesseitsorientierung bedeutet Einschränkung und gewährt keine neutrale Beurteilung. Siehe Kapitel Atheismus: die dort dargestellten Kriterien Hellsichtigkeit, mediale Übermittlung von Informationen Verstorbener und Reinkarnation um nur die wichtigsten zu nennen. Diese Fakten zu ignorieren ist bedenklich und nicht objektiv. Ihr Motto im humanitären Sinne, das Beste aus dem Leben zu machen, steht den Begehrlichkeiten nach Vergnügen und Luxus konträr gegenüber. Spiritualität wird nicht vollständig ignoriert, ist somit ein Hinweis auf Unsicherheit. Die Erfahrungen von Personen, die Sterbebegleitung bei Atheisten machen, weisen auf ein verunsichertes Verhalten gegenüber ihrer früheren Überzeugung hin. Dem alten Satz folgend, auf einem sinkenden Schiff werden selbst Atheisten gläubig. Vernunft empfiehlt den Weg der Offenheit zu gehen. Das bedeutet ihre deklarierte Einbahnstraße auch für einen möglichen Gegenverkehr frei zu geben.

Die göttlich angeordnete Moral soll in Zukunft durch eine auf Vernunft bezogene Ethik ersetzt werden, was in der Qualität des Handelns zum Ausdruck kommt. Dass der Menschen allein das Maß aller Dinge sei, wird vom Atheisten und Autor Uwe Lehnert gelehrt. Mit der Einschränkung – *nicht einzelne Menschen sollen hier über grundlegende Normen und problematische ethische Fragen entscheiden, sondern miteinander kommunizierende*

Menschen, die auf Grund von Sachverstand, Lebenserfahrung und Folgenabschätzung abwägen und urteilen.

Ob diese Voraussetzungen in einer Demokratie unter einem Präsidenten Trump, in der Türkei oder vielleicht sogar in Nordkorea zu erwarten sind? Das Wunderwerk alles zu erkennen und zu überblicken ist und bleibt für den Menschen mit Sicherheit ein Märchen.

Wir würden uns den Legenden dichtenden Religionsvertretern anschließen, die wir zu Recht für ihr Handeln wider Vernunft kritisieren und verurteilen. Die Themen Quantenphysik und Bewusstseinsforschung stellen Dimensionen der geistigen Erweiterung in Aussicht, deren zukünftige Erkenntnisse uns Hoffnung machen. Das Leben (in geistiger Hinsicht) ausschließlich auf ein Diesseits zu fixieren, ist dogmatisch und widerspricht einer zukunftsorientierten Forschung.

Es hat uns bewusst zu sein, dass wir Suchende nach neuen Erkenntnissen sind, deren Ergebnisse neue Fragen aufwerfen. Daher ist die ausschließliche Diesseitigkeit unserer geistigen Existenz eine sehr bedenkliche Einschränkung oder kirchlich gesprochen, ein Dogma des Denkverbotes, und steht somit im Widerspruch zu Objektivität und Wissenschaft.

Persönliche und politische Verantwortung

Was Religionen vorgeben, ist sehr bedenklich und dient in erster Linie ihren Institutionen und Vertretern. Es ist eine Selbstverständlichkeit persönlich die Entscheidung zu treffen, was richtig oder falsch ist. Ein beachtenswertes Beispiel präsentiert Abd-Ru-Shin durch die Erläuterung des 4. Gebotes, ein sehr aktuelles Faktum der Gegenwart.

Seht Ihr denn nicht, wie ärmlich Ihr Euch stellt in jeder Auffassung von allem, was Euch aus dem Lichte kommt! Seien es nun Gebote, die Verheißungen, die Botschaft Christi, oder auch die ganze Schöpfung! Nichts wollt Ihr sehen, nichts erkennen! Ihr sucht ja gar nicht danach, etwas wirklich zu verstehen! Ihr nehmt es nicht so, wie es ist, sondern bemüht Euch krampfhaft, immer wieder alles umzuformen in die niederen Anschauungen, denen Ihr Euch seit Jahrtausenden ergeben habt. Macht Euch doch endlich frei von diesen Überlieferungen. Du sollst Vater und Mutter ehren! Das macht Euch nun zu heiligem Gebot. Bringt die Vaterschaft und Mutterschaft zu Ehren! Wer weiß denn heute noch, welch große Würde darin liegt. Und welche Macht, die Menschheit zu veredeln! Darüber sollten sich die Menschen einmal klar sein, welche sich auf Erden hier verbinden, dann wird auch jede Ehe wirklich Ehe sein, im Geistigen verankert! Und alle Väter, Mütter nach den göttlichen Gesetzen ehrenwert!

Gralsbotschaft von Abd-Ru-Shin

Die Verantwortung neues Leben zu schaffen ist besonders in Afrika und Entwicklungsländern hoch aktuell. Wenn Not und Hunger diese Gebiete heimsuchen, werden die Menschen gefordert Maßnahmen zu ergreifen. So manche Eltern sehen sich veranlasst, Mädchen im Kindesalter schon zu verheiraten, da sie zu Hause einfach zu wenig Nahrungsmittel haben um zu überleben. Halbverhungerte Kindern belasten die Familie, besonders die Mütter, seit Jahren.

Rücksichtslose Kapitalvermehrung ist das Prinzip von Konzernen. Die Ausnutzung der Probleme in Entwicklungsländern und ihrer oft korrupten Regierung, sind Mitverursacher der Not. Ohne entsprechende Schutzmaßnahmen der Länder für bedenkliche Importe, wird den Landwirten in Entwicklungsländern jede Chance genommen konkurrenzfähig zu bleiben. Die Folge ist die Aufgabe der kleinen Wirtschaften, was Arbeitsverlust, Knappheit an Lebensmittel und Not bedeutet. Die EU ist an diesem Dilemma keineswegs schuldlos. Man erlaubt sich sogar noch die Vermarktung von landwirtschaftlichen Überschussgütern (Trockenmilch z.B.) als Entwicklungshilfe zu deklarieren, die zu geförderten Preisen angeboten wird, die einheimische Bauern wirtschaftlich vernichten.

Nicht nur in Entwicklungsländern fehlt es an Verantwortung. Auch die EU verhält sich in so manchen Situationen, dominiert von wirtschaftlichen Interessen, keineswegs besser. Speziell wenn es um Tierfutterimporte geht, die in Entwicklungsländern Hauptnahrungsmittel der dort lebenden Menschen sind! Außerdem werden durch die Importe von Palmöl für Biokraftstoffe Kleinlandwirte vertrieben, Regenwald vernichtet und die CO2-Bilanz ins Absurdum geführt! Es ist einfach erschütternd auf welches Niveau das Gewissen diverser Entscheidungsträger und Personen gesunken ist, getrieben von der Macht des Kapitalismus.

Zu einem Fall der Unberechenbarkeit ohne Zukunftsperspektive ist die Einstellung der obersten Institution der katholischen Kirche, genannt „Heiliger Stuhl", geworden.

Dienstag, spiegel.de 20.01.2015: *Rom - Katholisch zu sein bedeutet nach Meinung von Papst Franziskus nicht, sich unkontrolliert fortzupflanzen. "Manche Menschen glauben - entschuldigen Sie den Ausdruck -, dass sich gute Katholiken wie Karnickel vermehren müssen", sagte der Papst mit Bezug auf das Verbot von Verhütungsmitteln in der katholischen Kirche auf dem Rückweg von seiner Asienreise.*

Papstkommentar (ORF 30.11.2015) auf die Frage ob der Gebrauch von Kondomen zur Vermeidung von HIV-Infektionen erlaubt werden solle? *„Es gelte das Gebot der Enthaltsamkeit gegen das Verbot des Tötens abzuwägen. Es gehe darum, das Leben zu verteidigen oder den Geschlechtsverkehr, aus dem das Leben kommt."*

Diese Institution ist nicht (oder will es nicht sein) in der Lage das Problem zu erkennen oder besser formuliert, die richtigen Konsequenzen daraus zu schließen! Die Äußerungen sind pure Provokation. Sie trägt Mitschuld am Elend und Tod von Millionen Menschen auf der Welt!

Vergewaltigten Frauen medizinische Hilfe zu leisten ist, wenn nicht Totschlag - eine schwere Sünde. Ihr theatralisches Mitleid ist Zynismus. Ihr Erfolgsprinzip – je größer die Not, umso emsiger flieht man zu Gott. Schließlich hat der Konzern Vatikan ausgerechnet in Afrika die höchste Zunahme an Mitgliedern. Anstelle von Aufklärung und Verhütungsmaßnahmen, erklären sie der Humanität und Menschenwürde den Krieg! Gleichzeitig ist die „Aktie Sündenvergabe" ihr himmlisches Wertpapier.

Dalai Lama – ein Leben der Hoffnung und Zuversicht

Blicken wir über den Tellerrand christlicher Vorstellungen. Es ist einfach bewegend, welch einfühlsame und liebevolle Ansicht diese Person bezüglich Religion vertritt. Anbei die Wiedergabe seiner persönlichen Einstellung aus seinem Buch „Das kleine Buch vom rechten Leben", aus dem Abschnitt „Freundlichkeit ist meine wahre Religion".

Freundlichkeit ist meine wahre Religion. Gleichgültig, ob Du studiert hast oder nicht, ob Du an Gott glaubst oder Buddha oder irgend eine anderen Religion oder nicht: im Leben von Tag zu Tag musst Du ein freundlicher Mensch sein. Wenn Du von Freundlichkeit motiviert bist, spielt es keine Rolle, ob Du Arzt bist oder Rechtsanwalt, Politiker oder Beamter, Arbeiter oder Ingenieur. Was auch immer Dein Beruf oder Arbeitsgebiet ist: tief im Innern bist Du ein freundlicher Mensch.

Liebe, Mitgefühl und Toleranz sind Notwendigkeit, nicht Luxus. Ohne sie kann der Mensch nicht überleben. Wenn Du einer bestimmten Überzeugung oder Religion angehörst, so ist dies gut. Aber Du kannst auch ohne sie überleben, wenn Du Liebe, Mitgefühl und Toleranz besitzt. Der klare Beweis für die Gottesliebe eines Menschen ist, dass dieser seinen Mitmenschen echte Liebe zeigt.

Um das Glück und Wohl anderer zu fördern, müssen wir eine besondere altruistische (Altruismus ist die willentliche Verfolgung der Interessen oder des Wohles anderer oder des Gemeindewohls = selbstloses Handeln) Einstellung haben, mit der wir die Bürde auf uns nehmen können, anderen zu helfen. Dazu müssen wir ein großes Mitgefühl besitzen, uns des Leidens anderer annehmen und etwas daran verändern wollen. Um schließlich starkes Mitgefühl zu haben, brauchen wir einen ausgeprägten Liebessinn, der beim Anblick fühlender Wesen den Wunsch verspürt, das sie glücklich sind, der sich über jeden freut und ihm wünscht, dass er glücklich sei, wie eine Mutter es ihrem geliebten Kind ersehnt. Um dir eine Vorstellung von der Nähe zu anderen und für deine Wertschätzung für sie zu machen, denke an eine Person in deinem Leben, die sehr freundlich zu dir war. Dann dehne die Dankbarkeit, die dich erfüllt, auf alle Wesen aus.

Vernunft und Humanität

Das Verhaltensprogramm der Zukunft als Religion zu bezeichnen, wäre der falsche Weg. Dieser Begriff birgt zu viele negative Fakten in sich, die zu vermeiden sind. Dogmen und Koranverse sind Vergangenheit. Nicht diktatorische Vorgaben, sondern die persönliche Achtsamkeit des Menschen hat Priorität. Einzig allein das Gewissen der Person entscheidet, ohne Priester, Bischof und Papst oder Imam. Das bedeutet den Wechsel einer angeordneten Verhaltensweise, in eine freie persönliche, ausgestattet mit Vernunft und humanitärer Einstellung.

Vernunft beeinflusst unser Handeln. Sie ist Basis für ein persönliches Urteil, was Hausverstand, Wissen und Erfahrung erfordert. Das eigene Denken und Handeln ist einer kritischen, objektiven Betrachtung zu unterziehen. Diese Aktivität, auch Analyse genannt, sondiert was besser gemacht bzw. korrigiert werden soll. Halte die Gedanken rein, um auf der Suche nach möglicher Wahrheit auf dem richtigen Weg zu bleiben. Erkenntnisse sind keine Dogmen, sondern sind dem Wissensstand und der Situation anzupassen. Wir sind vor allem Suchende nach gewissenhaften Entscheidungen im Sinne einer humanitären Einstellung gegenüber Mensch, Tier und Umwelt.

Vernunft wird von verschiedenen Richtungen beeinflusst, ausgelöst durch Alter, Wohlstand, persönlich Bindung und anderen Kriterien. Diese stehen wieder in Abhängigkeit zu persönlichen Interessen, von denen drei mögliche aufgezeigt werden:

-- Die kapitalistische Einstellung zu Vermögen.

-- Die Sehnsucht nach Genuss verschiedenster Art.

-- Die Suche nach Wahrheit und Gerechtigkeit zum Wohle der Menschen und Umwelt.

Üblicherweise sind diese in Abhängigkeit verschiedener Faktoren eine Mischung mit unterschiedlicher Prioritätensetzung.

Bequemlichkeit und Trägheit sind Bremsklötze der Aktivität im Leben. Auf Einflussnahme von außen und ihren möglichen negativen Konsequenzen ist zu achten. Natürlich ist ein entscheidendes Kriterium der Zustand der persönlichen Freiheit. In Notsituationen, sowie bei Krankheit und Kriegszuständen werden die Prioritäten zwangsweise der gegebenen Situation angepasst. Das bedeutet jedoch nicht die Aussetzung der kritischen Beurteilung des Handelns. Wissen, Erfahrung und Hausverstand sind Basis für vernünftiges Entscheiden. Ob die richtige Realisierung erfolgt, ist abhängig von der Qualität des Gewissens und Pflichtgefühls. Grobe Irrtümer sind möglichst rasch zu korrigieren, vorausgesetzt sie werden auch erkannt. Je länger ein negativer Zustand anhält, desto eher geht er in einen Gewohnheitszustand über. Wodurch der qualitative Status nur mehr schwer zu verändern ist. Aufklärung der Menschen und die Pflicht auf Fehler aufmerksam zu machen, dient dem Wohle der Allgemeinheit und der betroffenen Person. Besondere Beachtung ist der digitalen und technischen Entwicklung, sowie des Konsumbereiches zu widmen. Die zukünftigen Auswirkungen und sich daraus ergebenden Konsequenzen sind schwer abzuschätzen. Personen, die gelernt haben sich zu beobachten, wissen Abstand zu halten von negativen Einflüssen und möglichen Versuchungen.

Der Mensch ist von der Gattung der Säugetiere, die höchste Kategorie. Doch was Sexualität anbelangt, könnte so mancher sich von den Tieren ein Beispiel nehmen. Schwäne und andere Tiere bleiben ein Leben lang beisammen und sind sich treu mit gegenseitiger Pflichterfüllung bei der Aufzucht der Jungtiere. Vor der Triebbefriedigung hat dem Menschen die mögliche Konsequenz daraus klar zu sein, somit die entsprechende Vorsorge zu treffen. Eine gute Partnerschaft, auch Ehe genannt, baut auf Vertrauen und Pflichtgefühl, besonders wenn Kinder das Familienbild vervollständigen.

Unter den heutigen Bedingungen der drohenden Überbevölkerung ist eine maßvolle Empfängnisverhütung angebracht. Kinderzeugung soll kein Zufall oder Unfall sein, sondern von beiden gewollt und im Bewusstsein der

Pflichten, die sich daraus ergeben. Besonders die Mutter hat sich im Klaren zu sein, welche Voraussetzungen und Belastungen die Erziehung eines Kindes erfordert.

In Anbetracht der Bedenklichkeit bestehender Religionen, ist eine Alternative zu suchen, die einer humanitären Einstellung den Vorrang gibt. Nicht der Glaube an Gott ist in Frage zu stellen, sondern was die Religionsvertreter daraus gemacht haben. Wichtig ist die Vermittlung von Moral und Gerechtigkeitsempfinden, zum Wohle der Gemeinschaft. Sicherheit und Humanität für alle möge das zukünftige Streben und Ziel sein. Ein Glaube an Gott oder an einen universellen Geist ist durchaus positiv zu sehen, entscheidend ist im Endeffekt das persönliche Verhalten, dem Achtsamkeit und Humanität zu Grunde liegt.

Dunkle Materie

Christentum und Islam überzieht drohend und heilsverkündend die Welt. Die Vertreter beider Religionen pochen auf Wahrheit und Gültigkeit ihrer Glaubensgrundlage. Religion schließt auch das Universum ein. Somit stehen sie vor einem ähnlichen Problem wie die Weltraumforschung. Doch Göttliches hat man zu glauben und ist nicht zu hinterfragen. Auszug aus: Ropert Czepel, science.orf.at „Abschied von der Dunklen Materie" 29.12.2017:

Das Problem an der Dunklen Materie ist, dass es seit den 1980er Jahren bei der Vorhersage blieb. Der Nachweis will nicht gelingen, obwohl Tausende Forscher fieberhaft danach suchen. Laut Theorie sollte die Dunkle Materie aus neuartigen Teilchen namens „WIMPs" oder „Axionen" bestehen. Jahrelang übte sich die Fachgemeinde in Optimismus, wenn es um den Nachweis dieser flüchtigen Partikel ging. Nun macht sich langsam Ernüchterung breit. Einige Theoretiker suchen bereits nach Auswegen aus der Sackgasse, in die man sich offenkundig manövriert hat: Wenn man keine Antwort auf eine Frage bekommt -- vielleicht stimmt etwas mit der Frage nicht? Die Dunkle Energie ist noch so eine große Unbekannte in der zeitgenössischen Physik. Sie soll für die beschleunigte Ausdehnung des Universums verantwortlich sein, ihre Existenz wurde schon von Einstein erwogen, damals noch unter dem Namen „kosmische Konstante". Und auch hier weiß bis dato niemand, was sie ist, beziehungsweise woraus sie besteht -- wenn sie denn überhaupt im herkömmlichen Sinne aus etwas besteht. Dass es sich dabei um ein Teilchen handelt, ist nämlich unwahrscheinlich.

Sind die Glaubensgrundlagen der beiden Weltreligionen nicht mit Dunkler Materie vergleichbar? Eine Reihe von katholischen Dogmen sowie Koranverse ergeben ein sehr düsteres Bild von ihrem „Gott", den die Monotheisten als einzig wahren der Welt präsentieren. Doch eine wissenschaftliche Infrage Stellung ihrer Lehre ist tabu, wo doch die Theologie als höchste aller Wissenschaften definiert wird, somit nicht angezweifelt werden darf!

Könnte es sein, dass sie ihrem „Gott" Eigenschaften zumuten, die nach dem Prinzip von „Ursache – Wirkung" eine Missachtung des universalen göttlichen Geistes darstellt? Ein blinder Glaube gleicht einer chronischen Krankheit. Der Mensch schafft sich selbst Himmel oder Hölle, abhängig von persönlicher Einstellung und seinen Gedanken. In Anbetracht, dass wir uns im Zeitalter der Raumfahrt und Digitalisierung befinden, wäre es Pflicht auch die „Dunkle Materie" der Menschheit namens Religion aufs Korn zu nehmen. Schließlich haben beide Religionen und ihre Vertreter Menschenleben in dreistelliger Millionenhöhe auf dem Gewissen, sofern sie eines haben. Märchenbücher für Kinder gibt es ausreichend. Pontifex, somit Brückenbauer ist das lateinische Wort für Papst.

In der Realität gibt es nur für jene eine Brücke, die ihre Kirche als die einzig richtige akzeptieren und somit unterlassen ihre dunkle Vergangenheit ins rechte Licht zu rücken. Wie ist es zu verantworten, mit einer Religion dieser Art schon in der Grundschule belastet zu werden? Für erwachsene Bürger sollte rationales Verstehen und Vernunft genügen, richtige Entscheidungen zu treffen.

Die Europäische Organisation für Kernforschung im Kanton Genf in der Schweiz ist ein Milliarden Projekt. Warum ist uns Kernforschung so viel wichtiger als Religion, von der Milliarden von Menschen auf der Erde betroffen sind und deren Lehre in der Vergangenheit wie heute für kriegerische Konflikte missbraucht wird? Ausgangsbasis wäre eine weltweit universelle Datenbank für Religionen bezüglich vorgegebener Glaubensbestimmungen. Diese Informationen bilden die Grundlage für Anwendung und Einsatz einer Entscheidungssoftware für die Prüfung, ob diese mit Gerechtigkeit und Humanität in Einklang stehen. Religionen, deren Vorgaben damit in Konflikt stehen, ist die staatliche Anerkennung zu widerrufen. Vertreter dieser Religionen machen sich schuldig einen nach derzeitigen Erkenntnissen nicht näher definierbaren „universellen Geist", den sie „Gott" nennen, für ihre Zwecke und Vorteile zu missbrauchen.

Bewusstseinspflege

Unser Bewusstsein wird, nach der Verabschiedung vom Körper, in einer anderen Dimension weiter existieren. Der Erkenntnisstand auf dem Gebiet der Quantenphysik liefert den Nachweis, dass Materie in Abhängigkeit von Geist steht. Jeder Mensch hat in seinem eigenen Interesse für sein Bewusstseins, somit der Qualität des Gewissens, zu sorgen. Die Wissenschaft ist im Begriff, sich vom rein materialistischen Weltbild zu lösen und den Geist als Ursache von Materie zu entdecken. In diesem Sinne ist die Erkenntnis „das Handeln beeinflusst das Denken stärker, als Denken das Handeln" ein wertvoller Hinweis.

Situationen sind unter ausgewogener Perspektive und Achtsamkeit zu betrachten. Dabei ist Objektivität ein wichtiges Kriterium. Ethische Maßnahmen haben kurz wie langfristig zu sein, sowie Tier und Umwelt mit einzubeziehen. Der Abschied von falschen Vorstellungen und Aufbruch in zukunftsorientierte Perspektiven ist für Menschen, die den göttlichen Funken in sich wahrnehmen, Pflicht. Neue Erkenntnisse stehen im Widerspruch zur historisch belasteten Gegenwartskultur. Diese Kultur zu ändern und auf eine höhere Ebene zu bringen, ist zum Wohle der Menschen und Umwelt unsere Aufgabe.

Max Plank: *Hinter allem steht ein intelligenter Geist, dieser ist der Urgrund der Materie, nicht die sichtbare aber vergängliche Materie ist das reale, wahre Wirkliche. Denn die Materie bestünde ohne den Geist überhaupt nicht, sondern* der unsterbliche Geist ist das Wahre.

Werner Heisenberger: *Der erste Trunk aus dem Becher macht atheistisch. Auf dem Grund des Bechers wartet Gott.*

Anton Zeilinger: *Es besteht die Vermutung, dass die Vorstellung von Raum und Zeit nicht stimmt. Dass zwei Orte, von denen wir glauben, dass sie getrennt sind, nicht getrennt sind. Die Wirklichkeit der Quanten kann noch immer nicht ganz verstanden werden. Der Raum könnte eine Konstruktion sein, die wir machen, um die Welt beschreiben zu können.*

Das neue Teilchen trägt alle Informationen vom Original. Nicht Substanz, sondern Information ist wichtig!

Wirklichkeit und Information ist dasselbe. Information ist der Urstoff des Universums.

Lorenz Petersen; *Das Bewusstsein ist Teil eines universellen Informations- und Bewusstseinsfeldes. Dies ist vermutlich der „ungeheurer überlegene Geist", von dem Einstein spricht und der sich in allem manifestiert. Erklärt durch die Quantenphysik ist das Bewusstsein in der Lage, Geschehnisse und Materie in Verbindung mit dem Quanten- bzw. Energiefeld hervorzurufen. Wir sind deshalb Mitschöpfer der Realität, als Teil einer höheren universellen Intelligenz.*

Der Blick in den Bereich Quantenphysik hat mich sehr beeindruckt. Als Einführung empfehle ich den Lesern auf youtube den Vortrag von Ulrich Warnke „Quantenphilosophie und Spiritualität" anzuhören. Die Hauptkomponenten der Bewusstseinspflege sind Gewissen, Vernunft und Gerechtigkeitsempfinden. Das Gewissen verursacht eine emotionale Reaktion auf die eigenen Handlungen, Worte und Entscheidungen. Es reagiert, ob wir eine Entscheidung für gut oder schlecht befinden, die von uns beabsichtigt oder ausgeführt wurde. Ein schlechtes Gewissen kann dazu führen, dass wir versuchen, eine Handlung wieder gut zu machen, indem wir eine entgegengesetzte Aktion anbieten oder durchführen, die Fehler nach Möglichkeit kompensiert.

Ein gutes Gewissen ist das Kennzeichen eines Menschen, der mit seinen Worten und Taten in Übereinstimmung lebt und davon ausgeht, dass er das Richtige tut. Das schlechte Gewissen signalisiert einen Widerspruch einer Entscheidung zu unserem inneren Wertesystem und kann dazu führen, dass wir diese im Nachhinein revidieren (zitiert aus: psychologie-studieren.de).

Das bedeutet achte auf die Qualität deines Gewissens. Je größer der Kompetenzbereich einer handelnden Person ist, umso höher wird die Pflicht der sachlichen Information. Wissensstand steht somit in Korrelation mit Verantwortung. Das ist besonders im politischen Entscheidungsbereich zu beachten, da Gesetze eine langzeitliche Folgewirkung auslösen. Populistische Handlungen stehen konträr zur Pflicht der Person, Partei und Regierung. In Zukunft sollte der Empathie höhere Priorität eingeräumt werden.

In Anbetracht der im digitalen Zeitalter schwer überschaubaren Kriterien und Faktenbereiche ist der Einsatz digitaler Intelligenz zur Entscheidungsfindung und Kontrolle eine Selbstverständlichkeit. Ohne Einbindung künstlicher Intelligenz wird es immer schwieriger die Qualität der Entwicklung, welcher Richtung und Art auch immer, zu gewährleisten. Der Fehler so mancher Experten ist, dass sie den Beobachtungsbereich zu klein, somit nicht umfassend festlegen.

Diesen Pfad zu erreichen, sind wir gefordert unseren Beitrag zu leisten. Ein positives Beispiel für mehr Zukunftsqualität setzt der Stahlkonzern Voestalpine durch die Realisierung einer neuen Wasserstoffelektrolyseanlage. Kohle und Koks soll in Zukunft durch Wasserstoff ersetzt werden. Was gleichzeitig ein nützliches Verfahren zur Vermarktung von Stromüberschüssen darstellt (ooe.OFR.at 16.01.2018).

Zukunftsorientierte Entwicklung ist für Religion ein Fremdwort. Dies bestätigen die kriegerischen Konflikte, wo selbst Auslegungsdifferenzen innerhalb der gleichen Religion die Welt vor große Probleme stellt. Auch demokratische Staaten können in Schwierigkeiten geraten, wenn eine Einzelperson mangels ihrer Gewissensqualität Turbulenzen der Marke Trump auslöst. Regierungen und Institutionen sind somit verpflichtet, bedenkliche Entscheidungen der Vergangenheit zu revidieren und zukünftiges Handeln möglichst optimal zum Wohle der Bürger/innen und Umwelt zu regeln. Weltreligionen sind einer Revision zu unterziehen, wobei diese Notwendigkeit infolge ihrer eigenen Bestimmungen wohl eine Utopie ist. Östliche Philosophien werden neu interpretiert und ergeben moderne Konzepte.

Das christliche und islamische Religionskonzept steht am Standpunkt – so ist es und nicht anders! Religionsvorgaben und Handeln ihrer Vertreter stehen im Widerspruch zu den internationalen Menschenrechten. Das Leben wird von der Außenwelt beeinflusst, was Kontrolle somit Ablehnung oder Verarbeiten erfordert. Achten sie darauf, dass ihr geistiger Filter die Aufnahme negativer Impulse verhindert und ihr Denken positiv ausgerichtet ist. Falsche Einstellungen können sich zu geistigen Fesseln entwickeln, die zu einem Joch für ihr ganzes Leben werden können. Hören Sie auf sich selbst und vertrauen Sie Ihrer inneren Stimme. Sie ist im Gegensatz zur Außenwelt sehr leise.

Die Besonderheiten der geistigen Ebenen werden in verschiedenen medialen Übermittlungen beschrieben. Eine davon in Form einer Teilwiedergabe aus: „Das Buch Emanuel" von Bernhard Forsboom Abschnitt „Freude in der Wahrheit – Wahrheitsempfinden".

Die innere geistige Verwandlung des Menschen bedarf nicht des Zeichens des Todes. Sie kann sich stetig vollziehen, von Tag zu Tag, und eine solche stetige Verwandlung ist das Zeichen eures Wachstums, das ein Zeichen eures wahren Lebens ist. Je höher der Geist, desto klarer die Erkenntnis seiner Schuld, und seine Schuld kann ihn mit Schmerz erfüllen, die bei euch gar nicht als Schuld be-

trachtet wird. Wo es zu unterscheiden und zu handeln gilt, da stehst du allein, um allein die Verantwortung zu tragen. So ist es gerecht und gut. So ist vielen Menschen der überzeugende Glaube an die Unsterblichkeit und an die Größe und Liebe ihres Gottes solches "Gefühl" oder der Ausdruck einer früher erreichten Stufe. Solche Menschen glauben, weil sie nicht anders können, nicht weil die Bibel oder Kirche es sie lehrt. Wenn sie außer dem Bereiche einer Bibel oder Kirche geboren würden, bräche dieser Glaube, diese Überzeugung dennoch in ihnen hervor, wie es bei Sokrates der Fall war. **Und das allein ist wahrer Glaube.** *Denn ihr steht erst dann vor Irrtümer bewahrt, wenn der Glaube an euch selbst aus der Erkenntnis heraus entstanden ist, wenn die Stimme der Wahrheit als solche von euch erkannt, aber nicht um dessentwillen angenommen wird, der sie lehrt.*

Das Bewusstsein in der anderen Dimension wird so sein, wie wir es selbst geschaffen haben. In diversen historischen Überlieferungen wird von sieben geistigen Ebenen berichtet. Vorstellbares höchstes Ziel ist das Eins werden mit dem göttlichen Bewusstsein. Diese Hoffnung schließt eine Existenz „Gottes oder universellen Geist" nicht aus. Der Aufbruch in eine höhere Ebene des Denkens und Handelns dient Humanität und Frieden.

Pflichten

Du bist verantwortlich für Dein Denken, Reden, Schreiben und Handeln gegenüber Dir, dem Nächsten, der Gesellschaft und der Umwelt.

Befindet sich Unrecht, Bedenkliches oder Leid in Deinem Einflussbereich, schau nicht weg, sondern werde aktiv.

Alfred Pirker

Bildungspfad des Autors

Schönschreiben ist mir etwas Unbekanntes. Die 3. Klasse schloss ich deshalb mit „nichtgenügend" ab. Im Wiederholungsjahre bekam ich die gleiche Note noch einmal. Der Direktor ließ mich mit dem Kommentar „bei mir sind doch eh Hopfen und Malz verloren " gnadenhalber aufsteigen.
Vor Schulabgang wurde von der Firma Böhler, eine Metallbaufirma mit damals über 7.000 Bediensteten in Kapfenberg, mit den Buben der Abschlussklasse ein Test durchgeführt. Als einziger Schüler wurde ich zum Werkstest geladen. Ich bekam das Anbot in ihre Metallfachschule aufgenommen zu werden, was mein Vater, ein Landwirt, mir nicht erlaubte.

Im Jahr 1960 rückte ich zum Bundesheer ein und begann, die Arbeitermittelschule. Die Aufnahme war von einer Prüfung abhängig, die zwei Professoren abnahmen. Der für Deutsch zuständige verlangte von mir meinen Lebenslauf, was ich sehr seltsam fand. Nach dem Test erklärte er, hätte sein Kollege mich nicht so gut bewertet, er würde mich nicht aufnehmen. Von ihm bekam ich auf sämtliche Schularbeiten ausschließlich die Note nicht genügend. Nur die mündlichen Prüfungen retteten mich. Im zweiten Jahr bekamen wir als Schularbeit das Thema „Inhaltliche Kurzfassung von Tristan und Isolde". Ich kannte die Skripten des Direktors, der ebenfalls Deutsch unterrichtete, gut. Darin stand in Kurzfassung das gleiche Thema. Daher mein Entschluss diesen Text 1 : 1 abzuschreiben. Resultat: „nichtgenügend wegen unbeholfener Ausdrucksweise". Damit war mir die absolute Chancenlosigkeit erst richtig bewusst geworden. Als er anschließend zu meinem Glück die Schule verließ, kam ich in Deutsch sofort auf Note gut. Im 2. Schuljahr begann das Fach Englisch. Als der Herr Professor zur ersten Unterrichtsstunde kam, sprach er ausschließlich in Englisch. Am Ende sagte er: Der Herr Direktor hat mich darauf aufmerksam gemacht, dass in dieser Klasse ein Schüler sitzt, der nur die Volksschule hat. Wer ist dieser Herr? Ich zeigte auf, darauf meinte er „es ist ihr Problem im Unterricht mitzukommen. Ich setze vier Jahre Englisch voraus." Aus Vorsicht büffelte ich in den Ferien davor einen Fernkurs. Die erste Schularbeit war, wie alle anderen, positiv.

Hauptstudium war Agrarökonomie auf der Universität für Bodenkultur in Wien. Der Professor für Betriebswirtschaft lehrte den Einsatz von Handelsdünger bis zur fiskalischen Annäherung des dadurch zusätzlich erzielten Gewinnes. Als kritisch denkender Student und Junglandwirt habe ich mich mit folgenden Bedenken zu Wort gemeldet: Herr Professor sie berücksichtigen in ihrem theoretischen Lehransatz der Gewinnoptimierung nicht, dass durch eine mögliche Überdüngung die Biologie des Bodens und Qualität

der Frucht beeinträchtigt wird. Ich habe daher Bedenken, da die Folgeeffekte keine Berücksichtigung finden.
Dieser Einwand bewirkte einen Wutanfall. Seine verbalen Ergüsse habe ich in diesen Schrecksekunden inhaltlich nicht mehr registriert. Seine anschließende Flucht aus dem Hörsaal war das Ende der Vorlesung. Nach dieser Reaktion wurde mir bewusst, was ich bei der letzten Staatsprüfung zu erwarten habe. Diese verlief ohne jedes Problem meinerseits. Daraufhin konfrontierte er mich mit einer Frage aus einem anderen Bereich. Ich machte ihn darauf aufmerksam, dass er dieses Thema in seiner Vorlesung nie vorgetragen hat. Sein Kommentar: Stimmt, aber sie haben auch darüber informiert zu sein, „nichtgenügend".
Nach diesem Schock ging ich zum Angriff über: Herr Professor, es gibt ein Abkommen zwischen Hochschülerschaft und dem Professorenkollegium, dass sich Prüfungsfragen ausschließlich auf den Stoff der zuletzt abgeschlossenen Vorlesungsperiode beziehen dürfen. Sie legen doch Wert darauf, dass die Studenten ihre Vorlesung besuchen. Seine Antwort: Ja, selbstverständlich.
Dann bleibt mir nichts anderes übrig, als die Hochschülerschaft zu ersuchen mit mir einen Artikel in der nächsten Zeitungsausgabe zu bringen, dass es wenig Sinn hat ihre Vorlesung zu besuchen, da sie sich bei der Prüfung ohnehin nicht an die Vereinbarung halten. Sein Wutausbruch begleitet vom Gebrülle „genügend – verschwinden sie!"

bildeten meinen erfolgreichen Abschluss an der Universität für Bodenkultur.

Mein ausgeübter Beruf war Organisator und Analytiker in der Softwareentwicklung. Nebenberuflich absolvierte ich das Studium Biometrie und Politikwissenschaft. Eine Aktion der besonderen Art erlebte ich im Rahmen meiner Vorlesung als Universitätslektor „Grundlagen der Softwareprojektierung – Systemanalyse", die ich über ein Jahrzehnt gehalten habe. Nach dem zweiten Jahr wurde ohne mein Wissen, auf Initiative der Studenten, die Lehrveranstaltung von zwei auf vier Stunden pro Woche erhöht.

Das Drama eines Freundes der Priester war und aus Verzweiflung Selbstmord verübte veränderte meine Interessen. Eine intensive Beschäftigung mit der historischen Entwicklung der katholischen Kirche war die Konsequenz. Die daraus gewonnen Erkenntnisse waren ernüchternd. Ich kündigte die Mitgliedschaft und überwies den doppelten Betrag der Kirchensteuer an „Ärzte ohne Grenzen". Ab Pensionsantritt 2004 war ich ehrenamtlich bis 2012 in Pflegeheimen tätig.
Es wurde mir bewusst, dass das persönliche Gewissen der beste Lebensbegleiter ist.

Mag DI Dr. Alfred Pirker

Anhang Konkordat

Bundesrecht konsolidiert: Gesamte Rechtsvorschrift für Konkordat (Heiliger Stuhl), Fassung vom 14.01.2018 Konkordat zwischen dem Heiligen Stuhle und der Republik Österreich samt Zusatzprotokoll. StF: BGBL.II Nr. 2/1934.

Der Bundespräsident des Bundesstaates Österreich erklärt das am 5. Juni 1933 in der Vatikanstadt unterfertigte Konkordat zwischen der Republik Österreich und dem Heiligen Stuhle, welches also lautet: für ratifiziert und verspricht im Namen des Bundesstaates Österreich dessen gewissenhafte Erfüllung.

Zu Urkund dessen ist die vorliegende Ratifikation vom Bundespräsidenten unterfertigt, vom Bundeskanzler und von allen anderen Mitgliedern der Bundesregierung gegengezeichnet und mit dem Staatssiegel der Republik Österreich versehen worden.

Geschehen zu Wien, den 1. Mai 1934.

Ratifikationstext

Der Austausch der Ratifikationen ist am 1. Mai 1934 erfolgt und das Konkordat daher an diesem Tage in Kraft getreten.

Präambel/Promulgationsklausel

Seine Heiligkeit Papst Pius XI. und die Republik Österreich, die in dem Wunsche einig sind, die Rechtslage der katholischen Kirche in Österreich zum Besten des kirchlichen und religiösen Lebens in gegenseitigem Einvernehmen in dauerhafter Weise neu zu ordnen, haben beschlossen, eine feierliche Übereinkunft zu treffen.

Zu diesem Zwecke haben Seine Heiligkeit zu Ihrem Bevollmächtigten

Seine Eminenz dem Hochwürdigsten Herrn Kardinal Eugen Pacelli, Ihren Staatssekretär, und der Herr Bundespräsident der Republik Österreich den Herrn Bundeskanzler Dr. Engelbert Dollfuss und den derzeit auch mit der Führung des Bundesministeriums für Unterricht betrauten Herrn Bundesminister für Justiz Dr. Kurt Schuschnigg zu seinen Bevollmächtigten ernannt, die nach Austausch ihrer für gut und richtig befundenen Vollmachten folgende Bestimmungen vereinbart haben.

Artikel I. § 1. Die Republik Österreich sichert und gewährleistet der heiligen römisch-katholischen Kirche in ihren verschiedenen Riten die freie Ausübung ihrer geistlichen Macht und die freie und öffentliche Ausübung des Kultus.

§ 2. Sie anerkennt das Recht der katholischen Kirche, im Rahmen ihrer Zuständigkeit Gesetze, Dekrete und Anordnungen zu erlassen; sie wird die Ausübung dieses Rechtes weder hindern noch erschweren.

... § 3. In der Erfüllung ihrer geistlichen Amtspflicht steht den Geistlichen der Schutz des Staates zu.

...§ 4. Der Heilige Stuhl genießt im Verkehr und in der Korrespondenz mit den Bischöfen, dem Klerus und den übrigen Angehörigen der katholischen Kirche in Österreich volle Freiheit ohne jede Einflussnahme der Bundesregierung. Dasselbe gilt für den Verkehr und die Korrespondenz der Bischöfe und Diözesanbehörden mit dem Klerus und den Gläubigen.

Artikel II. Die katholische Kirche genießt in Österreich öffentlich-rechtliche Stellung. Ihre einzelnen Einrichtungen, welche nach dem kanonischen Rechte Rechtspersönlichkeit haben, genießen Rechtspersönlichkeit auch für den staatlichen Bereich, insoweit sie bereits im Zeitpunkt des Inkrafttretens dieses Konkordates in Österreich bestehen. Künftig zu errichtende erlangen Rechtspersönlichkeit für den staatlichen Bereich, wenn sie unter der in diesem Konkordate vorgesehenen Mitwirkung der Staatsgewalt entstehen.

Artikel III. § 1. Der gegenwärtige Stand der Kirchenprovinzen und Diözesen bleibt, soweit im folgenden nicht anders bestimmt wird, erhalten. Eine in Zukunft etwa erforderlich werdende Änderung bedarf vorheriger Vereinbarung. Letzteres gilt nicht für kleinere Änderungen, die im Interesse der Seelsorge liegen, und für jene Verschiebungen, die sich in einzelnen Fällen als Folge von Umpfarrungen ergeben.

...§ 2. Es besteht grundsätzlich Einverständnis darüber, dass die Apostolische Administratur „Innsbruck-Feldkirch" zur Diözese „Innsbruck-Feldkirch" mit dem Sitz in Innsbruck erhoben wird und ein eigenes Generalvikariat für den Vorarlberger Anteil der neuen Diözese mit dem Sitz in Feldkirch erhält. Das gleiche Einverständnis besteht bezüglich der Erhebung der Apostolischen Administratur im Burgenland zur Praelatura Nullius mit dem Sitz in Eisenstadt. Die Durchführung dieser grundsätzlichen Einigung erfolgt durch besondere Vereinbarung zwischen dem Heiligen Stuhl und der Bundesregierung, sobald insbesondere bezüglich der neu zu errichtenden Diözese „Innsbruck-Feldkirch" die nötigen Vorkehrungen getroffen sind.

Artikel IV. § 1 Die Auswahl der Erzbischöfe und Bischöfe sowie des Prälaten Nullius steht dem Heiligen Stuhle zu.

Bei Erledigung eines erzbischöflichen oder bischöflichen Sitzes (Praelatura Nullius) legen die einzelnen österreichischen Diözesanbischöfe innerhalb eines Monates eine Liste von geeigneten Persönlichkeiten dem Heiligen Stuhle vor, ohne dass dieser an die Listen gebunden ist.

Bei Erledigung des erzbischöflichen Stuhles von Salzburg benennt der Heilige Stuhl dem Metropolitankapitel in

Salzburg drei Kandidaten, aus denen es in freier, geheimer Abstimmung den Erzbischof zu wählen hat.

§ 2. Bevor an die Ernennung eines residierenden Erzbischofs, eines residierenden Bischofs oder eines Koadjutors mit dem Rechte der Nachfolge wie auch des Prälaten Nullius geschritten wird, wird der Heilige Stuhl den Namen des in Aussicht Genommenen oder des Erwählten der österreichischen Bundesregierung mitteilen, um zu erfahren, ob sie Gründe allgemein politischer Natur gegen die Ernennung geltend zu machen hat.

Das bezügliche Verfahren wird ein streng vertrauliches sein, so dass bis zur Ernennung die gewählte Person gemeingehalten wird.

Wenn vom Zeitpunkt der obenerwähnten Mitteilung an 15 Tage ohne Erteilung einer Antwort verfließen, wird das Stillschweigen in dem Sinne ausgelegt werden, dass die Regierung kein Bedenken zu erheben hat und der Heilige Stuhl die Ernennung ohne weiteres veröffentlichen kann.

§ 3. Die Besetzung der Dignitäten und der Kanonikate in den Kapiteln erfolgt nach dem gemeinen kanonischen Recht.

Artikel V § 1. Die wissenschaftliche Heranbildung des Klerus erfolgt an den vom Staate erhaltenen katholisch-theologischen Fakultäten oder an den von den zuständigen kirchlichen Stellen errichteten theologischen Lehranstalten.

Die für die Erziehung der Priesteramtskandidaten bestimmten Seminare, Konvikte und dergleichen kirchlichen Anstalten unterstehen in ihrer Einrichtung ausschließlich der kirchlichen Oberbehörde.

Die innere Einrichtung sowie der Lehrbetrieb der vom Staate erhaltenen katholisch-theologischen Fakultäten wird grundsätzlich nach Maßgabe der Apostolischen Konstitution „Deus Scientiarum Dominus" vom 14. Mai 1931 und der jeweiligen kirchlichen Vorschriften geregelt werden. Jene Durchführungsmaßnahmen, die sich hierbei im Hinblick auf den besonderen Charakter dieser Fakultäten beziehungsweise ihre Stellung im Universitätsverbande als notwendig erweisen, werden jeweils im Einvernehmen mit der zuständigen kirchlichen Behörde getroffen.

Es besteht Einverständnis darüber, dass die theologische Fakultät der Universität Innsbruck insbesondere bezüglich der Zusammensetzung ihres Lehrkörpers in ihrer Eigenart erhalten bleibt.

§ 2. Die von den päpstlichen Hochschulen in Rom verliehenen akademischen Grade in der heiligen Theologie sind in Österreich hinsichtlich aller ihrer kirchlichen und staatlichen Wirkungen anerkannt.

§ 3. Die Ernennung oder Zulassung der Professoren oder Dozenten an den vom Staate erhaltenen katholisch-theologischen Fakultäten wird nur nach erfolgter Zustimmung der zuständigen kirchlichen Behörde erfolgen.

§ 4. Sollte einer der genannten Lehrer in der Folge seitens der zuständigen kirchlichen Behörde der obersten staatlichen Unterrichtsverwaltung als für die Lehrtätigkeit nicht mehr geeignet bezeichnet werden, wird er von der Ausübung der betreffenden Lehrtätigkeit enthoben.

Im Falle einer solchen Enthebung wird alsbald auf andere Weise für einen entsprechenden Ersatz im Sinne des im § 3 geregelten Vorganges gesorgt werden.

Katholische Religionslehrer an anderen Lehranstalten, welchen die missio canonica entzogen wird, müssen von der Erteilung des Religionsunterrichtes entfernt werden.

Artikel VI. § 1. Der Kirche steht das Recht auf Erteilung des Religionsunterrichtes und Vornahme religiöser Übungen für die katholischen Schüler an allen niederen und mittleren Lehranstalten zu. Es besteht Einverständnis darüber, dass die Diözesanordinarien über die Einrichtung eines Religionsunterrichtes, der über den gegenwärtig bestehenden Zustand hinausgeht, das Benehmen mit der zuständigen obersten staatlichen Schulbehörde herstellen werden.

Die Leitung und unmittelbare Beaufsichtigung des Religionsunterrichtes und der religiösen Übungen kommt der Kirche zu.

Die Verbindlichkeiten des Religionsunterrichtes samt den religiösen Übungen im bisherigen Ausmaß wird gewährleistet. Die finanzielle Obsorge für diesen Unterricht erfolgt in der bisherigen Weise. Ein darüber hinausgehender Religionsunterricht einschließlich der religiösen Übungen ist für die katholischen Schüler ebenfalls verbindlich, wenn er im Benehmen mit der staatlichen Schulbehörde eingerichtet wird. Die finanzielle Sorge für einen solchen Unterricht obliegt, unvorgreiflich einer allfälligen künftigen einvernehmlichen Regelung nach Wiederkehr besserer wirtschaftlicher Verhältnisse, der Kirche.

Der Religionsunterricht wird grundsätzlich durch Geistliche erteilt; im Bedarfsfalle können hierzu im Einvernehmen zwischen der Kirchen- und staatlichen Schulbehörde auch Laienlehrer oder andere geeignete Laienpersonen verwendet werden. Zu Religionslehrern dürfen nur solche Personen bestellt werden, die die Kirchenbehörde als hierzu befähigt hat. Die Erteilung des Religionsunterrichtes ist an den Besitz der missio canonica gebunden (Artikel V, § 4).

Die Lehrpläne für den Religionsunterricht werden von der Kirchenbehörde aufgestellt; als Religionslehrbücher können nur solche Lehrbücher verwendet werden, welche von der Kirchenbehörde für zulässig erklärt wurden.

§ 2. Soweit der Kirche rücksichtlich des niederen und mittleren Schul- und Unterrichtswesens gemäß den gegenwärtig geltenden staatlichen Gesetzen noch sonstige Rechte und Befugnisse zustehen, bleiben ihr dieselben gewahrt.

§ 3. Die Kirche, ihre Orden und Kongregationen haben das Recht, unter Beobachtung der allgemeinen schulgesetzlichen Bestimmungen Schulen der im § 2 genannten Art zu errichten und zu führen, denen auf die Dauer der Erfüllung dieser Voraussetzung die Rechte einer öffentlichen Lehranstalt zukommen.

§ 4. Wo solche Schulen (§ 3) eine verhältnismäßig beträchtliche Frequenz aufweisen und infolgedessen den Bestand, die Erweiterung oder Errichtung öffentlicher Schulen gleicher Art in einer Weise beeinflussen, dass der betreffende Schulerhalter eine finanzielle Entlastung erfährt, haben sie aus dem hierdurch ersparten öffentlichen Aufwand nach Maßgabe der Besserung der wirtschaftlichen Verhältnisse angemessene Zuschüsse zu erhalten.

Solcher Zuschüsse können unter den gleichen Voraussetzungen auch von katholischen Vereinen geführte Schulen dieser Art teilhaftig werden, wenn und solange sie vom zuständigen Diözesanordinarius als katholische Schulen anerkannt sind und den gesetzlichen Bedingungen für die Erwerbung der Rechte einer öffentlichen Lehranstalt entsprechen.

Durch diese Maßnahmen soll das katholische Schulwesen in Österreich gefördert und damit auch die Voraussetzung für die Entwicklung zur öffentlichen katholisch-konfessionellen Schule geschaffen werden.

Beachte folgende Bestimmung

Zum Anwendungsbereich vgl. § 128 des Gesetzes zur Vereinheitlichung des Rechts der Eheschließung und der Ehescheidung im Landes Österreich und im übrigen Rechtsgebiet, dRGBl.I S 807/1938 idgF

Artikel VII. § 1. Die Republik Österreich erkennt den gemäß dem kanonischen Recht geschlossenen Ehen die bürgerlichen Rechtswirkungen zu.

Beachte für § 1 bis § 4 folgende Bestimmung

Zum Anwendungsbereich vgl. § 128 des Gesetzes zur Vereinheitlichung des Rechts der Eheschließung und der Ehescheidung im Landes Österreich und im übrigen Rechtsgebiet, dRGBl.I S 807/1938 idgF

§ 2. Das Aufgebot dieser Eheschließungen erfolgt nach dem kanonischen Rechte. Die Republik Österreich behält sich vor, auch ein staatliches Aufgebot anzuordnen.

§ 3. Die Republik Österreich anerkennt die Zuständigkeit der kirchlichen Gerichte und Behörden zum Verfahren bezüglich der Ungültigkeit der Ehe und der Dispens von einer geschlossenen, aber nicht vollzogenen Ehe.

§ 4. Die hierauf bezüglichen Verfügungen und Urteile werden, nachdem sie rechtskräftig geworden sind, dem Obersten Gerichtshof der Signatura Apostolica vorgelegt. Dieser prüft, ob die Vorschriften des kanonischen Rechtes über die Zuständigkeit des Richters, die Vorladung, die gesetzmäßige Vertretung und das ungesetzmäßige Nichterscheinen der Parteien befolgt worden sind. Die genannten endgültigen Verfügungen und Urteile werden mit den diesbezüglichen Verfügungen des Obersten Gerichtshofes der Signatura Apostolica dem österreichischen Obersten Gerichtshofe übersendet. Die bürgerlichen Rechtswirkungen treten mit der vom österreichischen Obersten Gerichtshofe in nichtöffentlicher Sitzung ausgesprochenen Vollstreckbarkeitserklärung ein.

§ 5. Die kirchlichen und staatlichen Gerichte haben einander im Rahmen ihrer Zuständigkeit Rechtshilfe zu leisten.

Artikel VIII. § 1. Die kirchliche Bestellung des Militärvikars erfolgt durch den Heiligen Stuhl, nachdem dieser sich bei der Bundesregierung in vertraulicher Form unterrichtet hat, ob gegen die in Aussicht genommene Persönlichkeit allgemein politische Bedenken vorliegen.

Der Militärvikar wird die bischöfliche Würde bekleiden.

§ 2. Die kirchliche Bestellung der Militärkapläne erfolgt durch den Militärvikar nach vorherigem Einvernehmen mit dem Bundesminister für Heerwesen.

§ 3. Daraufhin erfolgt die staatliche Ernennung der Militärseelsorgefunktionäre nach den staatsgesetzlichen Vorschriften.

§ 4. Die Militärkapläne haben hinsichtlich des Bundesheeres den Wirkungskreis von Pfarrern. Sie üben das heilige Amt unter der Jurisdiktion des Militärvikars aus.

Der Militärvikar wird die Jurisdiktion auch über das geistliche Personal männlichen und weiblichen Geschlechtes an den Militärspitälern ausüben, falls es zur Errichtung solcher Spitäler kommen wird.

Artikel IX. Die Republik Österreich anerkennt die von der Kirche festgesetzten Feiertage, diese sind:

alle Sonntage;

Neujahrstag;

Epiphanie (6. Jänner);

Himmelfahrtstag;

Fronleichnam;

Fest der heiligen Apostel Peter und Paul (29. Juni);

Mariä Himmelfahrt (15. August);

Allerheiligen (1. November);

Tag der unbefleckten Empfängnis (8. Dezember);

Weihnachtstag (25. Dezember).

Artikel X § 1. Orden und religiöse Kongregationen können in der Republik Österreich den kanonischen Bestimmungen gemäß frei gegründet und aufgestellt werden; sie unterliegen von seiten des Staates keiner Einschränkung in Bezug auf ihre Niederlassungen, die Zahl und – ausgenommen die in diesem und in Artikel XI, § 2, genannten Fälle – die Eigenschaften ihrer Mitglieder sowie bezüglich der Lebensweise nach ihren kirchlich genehmigten Regeln.

Auf Lebenszeit bestellte Obere österreichischer Ordensniederlassungen mit stabilitas loci ihrer Mitglieder haben die österreichische Bundesbürgerschaft zu besitzen.

§ 2. Künftig zu errichtende Orden und religiöse Kongregationen erlangen in Österreich Rechtspersönlichkeit für den staatlichen Bereich durch die Hinterlegung einer Anzeige des zuständigen Diözesanbischofs (Praelatus Nullius) über die in Österreich erfolgte Niederlassung bei der obersten staatlichen Kultusverwaltungsbehörde, welche hierüber auf Verlangen eine Bestätigung ausstellt.

Im übrigen findet die Bestimmung des Artikels II dieses Konkordates Anwendung.

§ 3. Die Oberen der Provinzen, deren rechtlicher Sitz in Österreich gelegen ist, müssen die österreichische Bundesbürgerschaft besitzen.

Provinz- und Ordensobere, die außerhalb des österreichischen Staatsgebietes ihren Sitz haben, werden, auch wenn sie anderer Staatsangehörigkeit sind, das Recht besitzen, selbst oder durch Andere ihre in Österreich liegenden Niederlassungen zu visitieren.

§ 4. Die Ordensmitglieder haben das Recht, ihren philosophisch-theologischen Studien in den Schulen ihres Institutes oder in den päpstlichen Hochschulen in Rom zu obliegen.

Artikel XI. § 1. Die Besetzung der kirchlichen Benefizien steht der Kirchenbehörde zu, abgesehen von besonderen Patronats- und Präsentierungsrechten, die auf kanonischen Sondertiteln beruhen.

Die Besetzung jener Benefizien, auf welche der Bund oder ein öffentlicher Fonds Präsentationsrechte ausübt, wird auf Grund einer Dreierliste von Kandidaten erfolgen, welche der Diözesanordinarius nach den Vorschriften des kanonischen Rechtes wählt und der staatlichen Kultusverwaltungsbehörde bekannt gibt.

Der Diözesanbischof (Praelatus Nullius) wird sofort nach Bestellung eines Geistlichen zu einem Pfarrbenefizium hiervon der Regierung Mitteilung machen.

§ 2. In Anbetracht der Auslagen des Bundes für die Bezüge der Geistlichen werden zur Leitung und Verwaltung der Diözesen, zum Pfarramte und zur Erteilung des Religionsunterrichtes in den öffentlichen Schulen, endlich zu allen jenen geistlichen Dienstposten, für welche eine Dotation (Kongruaergänzung) aus öffentlichen Mitteln gesetzlich vorgesehen ist, ausschließlich Geistliche bestellt, die

a) die österreichische Bundesbürgerschaft besitzen

b) die vorgeschriebenen theologischen Studien an einer kirchlichen theologischen Lehranstalt Österreichs oder an einer deutschsprachigen katholisch-theologischen Fakultät oder an einer päpstlichen Hochschule in Rom durch mindestens drei Jahre mit Erfolg zurückgelegt haben.

Von diesen Erfordernissen kann für Hilfspriester sowie für vorübergehend als Religionslehrer bestellte Geistliche in Fällen kirchlichen und staatlichen Einvernehmens abgesehen werden.

Bei Verlust der Bundesbürgerschaft wird der betreffende Geistliche seitens der zuständigen kirchlichen Behörde von seinem Amte entfernt werden, falls nicht im Einvernehmen zwischen kirchlicher und staatlicher Behörde Nachsicht erteilt wird.

Die Diözesanordinarien werden Geistliche, die wegen eines Verbrechens verurteilt worden sind (Artikel XX), nur mit Zustimmung der Bundesregierung im öffentlichen kirchlichen Dienste anstellen oder wiederanstellen.

Artikel XII. § 1. Die Bestellung zu einem kirchlichen Amte ist vom Tage der Amtsübertragung an wirksam; dieser Zeitpunkt wird seitens der zuständigen Kirchenbehörde der staatlichen Kultusverwaltungsbehörde mitgeteilt.

§ 2. Die Verwaltung und der Genuss der Einkünfte weltgeistlicher Pfründen während der Vakanz regelt sich nach den Normen des kanonischen Rechtes; insofern aber für eine solche Pfründe ein grundsätzlicher gesetzlicher Anspruch auf finanzielle Leistungen aus dem Religionsfonds, beziehungsweise staatlichen Mitteln besteht, fließen die Einkünfte während der Vakanz in den Religionsfonds.

Artikel XIII. § 1. Die beweglichen und unbeweglichen Güter der kirchlichen Rechtssubjekte werden im Rahmen der für Alle geltenden Staatsgesetze gewährleistet. In eben diesem Rahmen hat die Kirche das Recht, neue Güter zu erwerben und zu besitzen; die derart erworbenen Güter werden in gleicher Weise unverletzlich sein.

§ 2. Das Vermögen der kirchlichen Rechtssubjekte wird durch die nach dem kanonischen Rechte berufenen Organe verwaltet und vertreten; bei Orden und Kongregationen gilt für den staatlichen Bereich bei Abschluss von Rechtsgeschäften der Lokalobere und, soweit es sich um Rechtsgeschäfte höherer Verbände handelt, der Obere des betreffenden Verbandes als der berufene Vertreter.

Die Gebarung mit dem kirchlichen Vermögen findet unter Aufsicht und Kontrolle der zuständigen Kirchenbehörden oder Ordensoberen statt. Ohne deren Zustimmung kann solches Vermogen weder veräußert noch belastet werden.

Überdies bedarf es der Zustimmung auch der staatlichen Kultusverwaltung, wenn die beabsichtigte Veräußerung oder Belastung von kirchlichem Stammvermögen die Leistung von Zuschüssen oder erhöhten Zuschüssen aus öffentlichen Mitteln bedingt. Der staatlichen Stellungnahme geht die Anhörung des Diözeseordinarius voraus.

§ 3. Die Ordnung und Verwaltung der kirchlichen Stiftungen steht den kirchlichen Organen zu.

§ 4. Die kirchlichen Rechtssubjekte werden keiner Sondersteuer und dergleichen Abgaben unterworfen werden, die nicht auch für andere Rechtssubjekte gelten. Dies gilt auch hinsichtlich der im Artikel VI, § 3 und § 4, Absatz 2, näher bezeichneten Schulen.

Artikel XIV. Die Verwaltungsangelegenheiten der kirchlichen Verbände werden von der Kirche geregelt, wobei der Kirche das Recht zur Einhebung von Umlagen grundsätzlich zukommt; bei Vorschreibung von Umlagen wie überhaupt in allen jenen Fällen, in denen staatliche Interessen berührt werden, wird im Einvernehmen mit der staatlichen Gewalt vorgegangen.

Zwecks näherer Durchführung dieses Grundsatzes werden von den kirchlichen Diözesanbehörden im Einvernehmen mit der staatlichen Kultusverwaltung Richtlinien aufgestellt werden.

Zur Hereinbringung von Leistungen seitens der Mitglieder von kirchlichen Verbänden wird der Kirche der staatliche Beistand gewährt, sofern diese Leistungen im Einvernehmen mit der Staatsgewalt auferlegt wurden oder aus sonstigen Titeln zu Recht bestehen.

Artikel XV. § 1. Die Republik Österreich wird der katholischen Kirche in Österreich gegenüber stets ihre finanziellen Pflichten erfüllen, welche auf Gesetz, Vertrag oder besonderen Rechtstiteln beruhen.

§ 2. Bis zu der im Einvernehmen mit dem Heiligen Stuhle vorzunehmenden Neuregelung wird die Grundlage für die Dotierung des aktiven und pensionierten Klerus die gegenwärtige Kongruagesetzgebung bilden, und zwar mit der Maßgabe, dass bei Änderungen des Diensteinkommens für die Bundesangestellten eine analoge Änderung für den Klerus zu treffen sein wird.

§ 3. Den Erzbischöfen, Diözesanbischöfen (Praelatus Nullius), ihren Koadjutoren, Weihbischöfen und Generalvikaren, welche nicht mit einem hinreichenden, aus den Fonds und Erträgnissen der Mensa oder aus dem Religionsfonds, beziehungsweise Bundesschatz stammenden Einkommen ausgestattet sind, wird gemäß einem mit dem Heiligen Stuhle zu treffenden Abkommen, soweit die staatsfinanziellen Verhältnisse dies erlauben, eine angemessene Zulage aus öffentlichen Mitteln auszubezahlen sein.

§ 4. Sobald die staatsfinanziellen Verhältnisse es gestatten, wird die neue Diozese „Innsbruck-Feldkirch" ein Kapitel erhalten. Die Zahl der Dignitäre und Kanonikter wird im Einvernehmen zwischen dem Heiligen Stuhle und der obersten staatlichen Kultusverwaltung festgesetzt.

§ 5. Insoweit das Vermögen der Metropolitan- und Kathedralkirchen für die Erhaltung der betreffenden Kirchengebäude, für die Kosten des Gottesdienstes und die

Entlohnung der erforderlichen weltlichen Dienstpersonen an diesen Kirchen nicht hinreichen sollte, wird der Bund nach Überprüfung der Sachlage zur Bedeckung des Abganges im Rahmen wenigstens seiner bisherigen Prästationen und nach Maßgabe der staatsfinanziellen Leistungsfähigkeit beitragen.

§ 6. Der Bund wird den Priesterseminarien, die gemäß den Vorschriften des kirchlichen Gesetzbuches eingerichtet sind, wie bisher im Rahmen der staatsfinanziellen Leistungsfähigkeit angemessene Zuschüsse gewähren, deren Neuregelung einvernehmlich mit dem Heiligen Stuhle getroffen wird. Die Abrechnungspflicht gegenüber dem Bunde bleibt hinsichtlich solcher Zuwendungen unberührt.

§ 7. Die Errichtung kirchlicher Stellen, für welche eine Kongruaergänzung vom Bunde angestrebt wird, bedarf der Zustimmung der obersten staatlichen Kultusverwaltung, welche hierbei erforderlichenfalls auch die Rechtspersönlichkeit der neuerrichteten Stelle für den staatlichen Bereich bestätigen wird. Dagegen können kirchliche Stellen, für welche der Bund keine Kongruazahlungen leistet, von der zuständigen kirchlichen Behörde frei errichtet oder umgewandelt werden; sofern in diesen letzteren Fällen der neu errichteten Stelle auch für den staatlichen Bereich Rechtspersönlichkeit zukommen soll, wird vom zuständigen Diözesanbischof (Praelatus Nullius) eine Anzeige über die erfolgte Errichtung bei der obersten staatlichen Kultusverwaltung zu hinterlegen sein, welche hierüber eine Bestätigung ausstellt.

Änderungen in der Abgrenzung von Pfarrsprengeln stehen den Diözesanordinarien zu. Die oberste staatliche Kultusverwaltung behält sich vor, solche Änderungen anzuregen, die geeignet sind, Ersparungen herbeizuführen, und die als sachlich vertretbar erachtet werden.

§ 8. Die Gebäude und Grundstücke des Bundes, welche gegenwärtig unmittelbar oder mittelbar kirchlichen Zwecken dienen, einschließlich jener, in deren Genuss religiöse Orden und Kongregationen stehen, werden auch fernerhin unter Bedachtnahme auf allenfalls bestehende Verträge diesen Zwecken überlassen.

§ 9. Den Religionsfonds kommt kirchlicher Charakter zu; sie sind juristische Personen und werden bis auf weiteres wie bisher im Namen der Kirche vom Bund verwaltet. Im Verhältnis zwischen Religionsfonds und Bundesschatz, namentlich auch hinsichtlich der finanziellen Ergänzungspflicht des letzteren, tritt keine Änderung ein.

Artikel XVI. Für die in öffentlichen Spitälern, Heil-, Versorgungs- und dergleichen Anstalten sowie in Gefangenenhäusern, Strafanstalten, Arbeitshäusern, Anstalten für Erziehungsbedürftige und dergleichen Anstalten untergebrachten Personen wird, soweit nicht für die einzelne Anstalt im Einvernehmen mit dem zuständigen Diözesanordinarius eine eigene Anstaltsseelsorge eingerichtet ist, dem Ortsseelsorger und dem an seiner Stelle beauftragten Geistlichen das Recht des freien Zutrittes zu den Anstaltsinsassen behufs freier Ausübung seines geistlichen Amtes gewährleistet.

Es besteht Einverständnis, dass im Falle der Einrichtung einer eigenen Anstaltsseelsorge die Bestellung der betreffenden Geistlichen im Einvernehmen mit dem Diözesanordinarius erfolgt.

Artikel XVII. Das Einkommen, in dessen Genuss die Geistlichen kraft ihres Amtes stehen, ist im gleichen Maße exekutionsfrei, in dem es die Bezüge der Angestellten des Bundes sind.

Artikel XVIII. Die Geistlichen können von Gerichtsbehörden oder anderen Behörden nicht um die Erteilung von Auskünften über Personen oder Dinge ersucht werden, bezüglich deren sie unter dem Siegel geistlicher Amtsverschwiegenheit Kenntnis erhalten haben.

Artikel XIX. Die Geistlichen und Ordenspersonen sind vom Geschworenen- und Schöffenamt befreit.

Artikel XX. Im Falle der strafgerichtlichen Belangung eines Geistlichen oder einer Ordensperson hat das staatliche Gericht sofort den für den Belangten zuständigen Diözesanordinarius zu verständigen und demselben raschestens die Ergebnisse der Voruntersuchung und gegebenenfalls das Endurteil des Gerichtes sowohl in der ersten als in der Berufungsinstanz zu übermitteln.

Im Falle der Verhaftung und Anhaltung in Haft soll der Geistliche (Ordensperson) mit der seinem Stande und seinem hierarchischen Grade gebührenden Rücksicht behandelt werden.

Im Falle der rechtskräftigen unbedingten Verurteilung eines Geistlichen wegen eines Verbrechens wird die Bundesregierung unbeschadet sonstiger aus den strafgesetzlichen Vorschriften sich ergebender Rechtsfolgen, falls der Diözesanordinarius den Geistlichen nicht ohnehin von seinem Amte entfernt, die Einstellung der ihm etwa zukommenden Dotation (Kongruaergänzung) verfügen.

Artikel XXI. Der Gebrauch des kirchlichen oder Ordensgewandes seitens Laien oder seitens Geistlicher und Ordenspersonen, denen er von der zuständigen Kirchenbehörde durch endgültige Anordnung verboten worden ist, die zu diesem Zwecke zuständigen staatlichen Behörde amtlich bekanntzugeben sein wird, ist unter den gleichen Sanktionen und Strafen verboten, mit welchen der Missbrauch der militärischen Uniform verboten und bestraft wird.

Artikel XXII. Alle anderen auf kirchliche Personen oder Dinge bezüglichen Materien, welche in den vorhergehenden Artikeln nicht behandelt wurden, werden dem geltenden kanonischen Recht gemäß geregelt werden.

Sollte sich in Zukunft irgendeine Schwierigkeit bezüglich der Auslegung der vorstehenden Artikel ergeben oder die Regelung einer in diesem Konkordate nicht behandelten, kirchliche Personen oder Dinge betreffenden Frage, die auch den staatlichen Bereich berührt, notwendig werden, so werden der Heilige Stuhl und die Bundesregierung im gemeinsamen Einverständnis eine freundschaftliche Lösung herbeiführen, beziehungsweise eine einvernehmliche Regelung treffen.

Mit dem Inkrafttreten des gegenwärtigen Konkordates werden alle in Österreich noch in Geltung stehenden Gesetze und Verordnungen, insoweit sie mit den Bestimmungen dieses Konkordates in Widerspruch stehen, außer Kraft treten.

Artikel XXIII. Dieses Konkordates, dessen deutscher und italienischer Text gleiche Kraft haben, soll ratifiziert und die Ratifikationsurkunden sollen möglichst bald ausgetauscht werden. Es tritt mit dem Tage ihres Austausches in Kraft.

Zu Urkund dessen haben die Bevollmächtigten das gegenwärtige Konkordat unterzeichnet.

Geschehen in doppelter Urschrift.

In der Vatikanstadt, am 5. Juni 1933.

Zusatzprotokoll.

Bezüglich des in der Vatikanstadt am 5. Juni 1933 unterzeichneten Konkordates zwischen dem Heiligen Stuhl und der Republik Österreich haben die Hohen Vertragschließenden Teile die folgenden Erklärungen abgegeben, die als integrierende Bestandteile des Konkordates zu gelten haben.

Zu Artikel IV, § 2, wird erklärt, dass im Falle, als die österreichische Bundesregierung einen Einwand allgemein politischen Charakters erheben sollte, der Versuch zu unternehmen ist, zu einem Einvernehmen zwischen dem Heiligen Stuhle und der Bundesregierung analog der Bestimmung des Artikels XXII, Absatz 2, des Konkordates zu erlangen; sollte dieser Versuch erfolglos bleiben, so ist der Heilige Stuhl in der Durchführung der Besetzung frei. Das gleiche gilt auch für die Ernennung eines Koadjutors mit dem Rechte der Nachfolge für einen österreichischen Erzbischof oder Bischof oder einen Prälaten Nullius.

Zu Artikel V, § 1, Absatz 3. Seitens der obersten staatlichen Unterrichtsverwaltung wird nach Anhörung der zuständigen Diözesanbischöfe festgestellt werden, von welchen kirchlichen theologischen Lehranstalten der Übertritt an eine vom Staate erhaltene katholisch-theologische Fakultät während des Studienganges bei Erfüllung der für die Zulassung zum ordentlichen Universitätsstudium sonst vorgeschriebenen Voraussetzungen möglich ist. Im Hinblick darauf wird auch der Heilige Stuhl dafür Vorsorge treffen, dass der Studienplan dieser kirchlichen Lehranstalten im Rahmen der ihnen gestellten Aufgaben dem Studienplane der vom Staate erhaltenen katholisch-theologischen Fakultäten in den wesentlichen Punkten nach Möglichkeit angepasst werde.

Zu Artikel V, § 2. Die an päpstlichen Hochschulen erworbenen Doktorate aus Teilgebieten der Theologie gelten in Österreich insoweit, als es sich nicht um die Ausübung eines weltlichen Berufes handelt.

Zu Artikel V, § 4. Falls ein gemäß dieser Konkordatsbestimmung von der Ausübung seiner Lehrtätigkeit enthobener Professor nicht eine andere staatliche Verwendung findet, wird er in seiner Eigenschaft als Bundeslehrer unter Zuerkennung des ihm gemäß seiner anrechenbaren Dienstzeit zukommenden Ruhegenusses, jedenfalls aber des Mindestruhegenusses, sofern er nach Maßgabe der sonstigen staatlichen Vorschriften nicht überhaupt den Anspruch auf Ruhegenuss verwirkt hat, in den Ruhestand versetzt.

Das gleiche gilt für die katholischen Religionslehrer an den staatlichen mittleren Lehranstalten. Die Bestimmung über die Sorge für einen entsprechenden Ersatz hat auf diese Lehrer sinngemäß Anwendung zu finden.

Zu Artikel VI, § 1, Absatz 1. Zur Hintanhaltung von Missverständnissen wird festgestellt, dass zu den niederen und mittleren Lehranstalten auch die gewerblichen, Handwerker-, die land- und forstwirtschaftlichen, kommerziellen und dergleichen Schulen einschließlich der bezüglichen Fortbildungsschulen zählen.

Zu Artikel VI, § 1, Absatz 3, Satz 1. Die Erteilung von Dispensen von der Teilnahme an den religiösen Übungen steht dem Religionslehrer zu.

Satz 2. Hierdurch ist nicht ausgeschlossen, dass die Aufwendungen für die Religionslehrer im Falle einer Änderung analoger Bezüge anderer Lehrpersonen entsprechend geändert werden.

Zu Artikel VI, § 2. Es besteht Einverständnis darüber, dass den Diözesanordinarien und deren Beauftragten das Recht zusteht, Missstände im religiös-sittlichen Leben der katholischen Schüler wie auch deren nachteilige oder ungehörige Beeinflussung in der Schule, insbesondere etwaige Verletzungen ihrer Glaubensüberzeugung oder religiösen Empfindungen im Unterricht bei den staatlichen Schulbehörden zu beanständen, die auf entsprechende Abhilfe Bedacht nehmen werden.

Es besteht insbesondere Einverständnis darüber, dass im Burgenland konfessionelle Schulen als öffentliche Schulen bestehen.

Weiters besteht Einverständnis darüber, dass im Falle einer Änderung der schulbehördlichen Organisation im Bundesgebiete oder in Teilen desselben für die bisherige Vertretung der Interessen der Kirche entsprechend vorgesorgt wird.

Zu Artikel VI, § 3. Es besteht Einverständnis darüber, dass die im § 3 genannten kirchlichen Rechtssubjekte zur Bestellung weltlicher Lehrkräfte nicht verhalten werden dürfen, wenn geistliche Lehrkräfte, die gemäß den staatlichen Vorschriften lehrbefähigt sind, zur Verfügung stehen, und dass bei Handhabung der allgemeinen staatlichen Schulvorschriften auf etwaige aus der Ordensdisziplin sich ergebende Pflichten der geistlichen Lehrpersonen Bedacht genommen werden wird.

Zu Artikel VII. (1) Die Republik Österreich anerkennt auch die Zuständigkeit der kirchlichen Behörden zum Verfahren bezüglich des Privilegium Paulinum.

(2) Der Heilige Stuhl willigt ein, dass das Verfahren bezüglich der Trennung der Ehe von Tisch und Bett den staatlichen Gerichten zusteht.

(3) Der Heilige Stuhl wird die Herausgabe einer Instruktion durch den österreichischen Epistopat veranlassen, die für alle Diözesen (Praelatura Nullius) verbindlich sein wird.

Zu Artikel VIII, § 1. Der Heilige Stuhl gesteht zu, dass im Falle der Erledigung des Amtes des Militärvikars die Bundesregierung vor der Designation des Nachfolgers dem Heiligen Stuhle jeweils in vertraulicher Weise auf diplomatischem Wege die eine oder andere ihr hierzu geeignet erscheinende Persönlichkeit unverbindlich bekannt gibt. Auch die einzelnen Diözesanbischöfe legen analog der Bestimmung des Artikels IV, § 1, Absatz 2, dem Heiligen Stuhl eine unverbindliche Liste vor.

Zu Artikel IX. Durch diesen Artikel werden staatliche Bestimmungen, in welchen noch andere Tage als Ruhetage erklärt werden, nicht berührt.

Zu Artikel X, § 3. Der heilige Stuhl wird dafür Sorge tragen, dass der Provinzverband der in Österreich bestehenden oder zu errichtenden religiösen Niederlassungen nach Tunlichkeit mit den Staatsgrenzen der Republik Österreich in Übereinstimmung gebracht wird.

Die Bundesregierung nimmt die vom Heiligen Stuhle angeregte Frage einer Neuregelung der Pfarren, die im Gebiete der Republik Österreich geistlichen Orden und Kongregationen inkorporiert oder von solchen verwaltet sind, zur Kenntnis und wird, namentlich soweit es sich um einen Austausch einiger Regularpfarren gegen Säkularpfarren handelt, an einer solchen Aktion der zuständigen kirchlichen Behörden im Rahmen der finanziellen Möglichkeiten des Bundes mitwirken.

Zu Artikel XI, § 1. (1) Streitigkeiten über die Frage, ob eine Kirche oder eine Pfründe einem Patronat unterliege oder hinsichtlich der letzteren das freie Besetzungsrecht des Bischofs eintrete, sowie über die Frage, wem ein Kirchen- oder Pfründenpatronat zukomme, sind von der Kirchenbehörde nach den Vorschriften des kirchlichen Gesetzbuches zu entscheiden. Von der betreffenden kirchenbehördlichen Entscheidung ist die oberste staatliche Kultusverwaltungsbehörde durch Übersendung einer Originalausfertigung der Entscheidung in Kenntnis zu setzen.

(2) Der Heilige Stuhl stimmt zu, dass sämtliche Streitigkeiten über Leistungen, welche auf Grund eines bestehenden Patronates angesprochen werden, von den Behörden der staatlichen Kultusverwaltung im instanzmäßigen Verfahren entschieden werden; insofern in solchen Streitfällen der Bestand des Patronates selbst bestritten ist und darüber noch keine rechtskräftige kirchenbehördliche Entschei-

dung vorliegt, stimmt der Heilige Stuhl zu, dass die Behörden der staatlichen Kultusverwaltung dort, wo Gefahr im Verzuge ist, auf Grund des bisherigen ruhigen Besitzstandes oder, soweit derselbe nicht sofort ermittelt werden kann, auf Grund der summarisch erhobenen tatsächlichen und rechtlichen Verhältnisse ein Provisorium verordnen.

Zu Artikel XIII, § 2. Der Heilige Stuhl wird die Diözesanordinarien anweisen, bei intabulationspflichtigen Rechtsgeschäften auf der Urkunde nach vorheriger Überprüfung eine Klausel beizusetzen, dass gegen die bücherlich einzutragenden Berechtigung oder Verpflichtung kirchlicherseits kein Anstand obwaltet und dass die Vertreter der kirchlichen Rechtssubjekte, welche das Rechtsgeschäft abgeschlossen haben, hierzu berufen waren.

Zu Artikel XIV. Der Bund räumt den Vereinigungen, die vornehmlich religiöse Zwecke verfolgen, einen Teil der katholischen Aktion bilden und als solche der Gewalt des Diözesanordinarius unterstehen, volle Freiheit hinsichtlich ihrer Organisation und Betätigung ein. Der Bund wird dafür Sorge tragen, dass die Erhaltung und Entfaltungsmöglichkeit der seitens der zuständigen kirchlichen Oberen anerkannten katholischen Jugendorganisationen geschützt werde und daß in vom Staat eingerichteten Jugendorganisationen der katholischen Jugend die Erfüllung ihrer religiösen Pflichten in würdiger Weise und ihre Erziehung in religiös-sittlichem Sinne nach den Grundsätzen der Kirche gewährleistet werde.

Die Presse wird hinsichtlich der Vertretung katholischer Lehrsätze keinen Beschränkungen unterworfen sein.

Der heilige Stuhl stimmt zu, dass Streitigkeiten über Verpflichtungen zu Leistungen an Geld oder Geldeswert für Kultuszwecke unbeschadet der Bestimmungen des Absatzes 2 des Zusatzprotokolles zu Artikel XI, § 1, bis zu einer einvernehmlichen Neuregelung von den staatlichen Behörden entschieden werden, und zwar, wenn eine solche Leistung aus dem allgemeinen Grunde der Zugehörigkeit zu einem kirchlichen Verbande in Anspruch genommen wird, von den Behörden der staatlichen Kultusverwaltung im ordentlichen Instanzenzuge, sonst von den Zivilgerichten. Bei Gefahr im Verzuge kann ein Provisorium im Sinne des Absatzes 2 des Zusatzprotokolles zu Artikel XI, § 1, verfügt werden.

Die im Gebiete der Republik Österreich in betreff der Herstellung und Erhaltung der Kirchen- und Pfründengebäude sowie in betreff der finanziellen Bestreitung der sonstigen Kirchenerfordernisse bestehenden Normen einschließlich des Gesetzes vom 31. Dezember 1894, R.G.Bl. Nr. 7 ex 1895, bleiben mit den aus diesem Konkordat sich ergebenden Modifikationen bis zu einer im Einvernehmen zwischen der Kirchen- und Staatsgewalt getroffenen Neuregelung aufrecht.

Zu Artikel XV, § 3. Hierbei wird auch auf die Kosten der Führung der Ordinariatskanzleien, soweit für deren Zwecke nicht bereits Vorsorge getroffen ist, nach Maßgabe der staatsfinanziellen Verhältnisse Bedacht zu nehmen sein.

Zu Artikel XV, § 5. Kürzungen aus staatsfinanziellen Gründen werden nicht ohne vorheriges Benehmen erfolgen.

Zu Artikel XXII, Absatz 3. Unter anderem treten hiermit die Gesetze vom 7. Mai 1874, R.G.Bl. Nr. 50 und Nr. 51, in ihrem ganzen Umfange außer Kraft.

Das Konkordat: BRD – Vatikan

In Deutschland gibt es eine Anzahl von Ländervereinbarungen mit dem Vatikan. Auf diese inhaltlich einzugehen, wäre allein vom Umfang her nicht im Sinne dieses Werkes. Ein Auszug aus Wikipedia, dem Internetlexikon, soll auf die problematische historische und rechtliche Entwicklung dieser Verträge aufmerksam machen.

Der Papst, beziehungsweise der Heilige Stuhl, vertritt die katholische Kirche nach außen und wird als souveränes, nichtstaatliches Völkerrechtssubjekt anerkannt. Beachtenswert ist auf jeden Fall wie sich aus der Ursprungslehre von Jesus Christus die mächtige und einflussreiche Institution, namens Vatikan, sich entwickelt hat.

Dies allein ist schon Anlass genug, sich ernsthaft Gedanken darüber zu machen, wie weit „die Lehre Jesus Christus" vom Weltkonzern Vatikan, für seine im Laufe der Geschichte entstandenen Interessen, missbraucht wurde.

Schlusswort

„Gott" will weder Leibeigene noch Dummköpfe, sondern Menschen mit Verantwortungsbewusstsein.

Videoempfehlung

www.youtube.com/watch?v=BxCOQPyn5LU

Danke für Ihr Interesse

Herstellung und Verlag:
BoD - Books on Demand, Norderstedt
ISBN 978-3-7412-5393-5